U0873281

广西城市轨道交通车辆技术示范特色专业系列教材

城市轨道交通车辆机械构造

主　编　王杰华
副主编　魏秀琴

西南交通大学出版社
·成　都·

图书在版编目（CIP）数据

城市轨道交通车辆机械构造 / 王杰华主编. —成都：西南交通大学出版社，2021.1（2024.8 重印）
广西城市轨道交通车辆技术示范特色专业系列教材
ISBN 978-7-5643-7685-7

Ⅰ. ①城… Ⅱ. ①王… Ⅲ. ①城市铁路－铁路车辆－车体结构－高等职业教育－教材 Ⅳ. ①U270.3

中国版本图书馆 CIP 数据核字（2020）第 187892 号

广西城市轨道交通车辆技术示范特色专业系列教材
Chengshi Guidao Jiaotong Cheliang Jixie Gouzao
城市轨道交通车辆机械构造

主　编 / 王杰华

责任编辑 / 路远声
封面设计 / 曹天擎

西南交通大学出版社出版发行
（四川省成都市金牛区二环路北一段 111 号西南交通大学创新大厦 21 楼　610031）
发行部电话：028-87600564　028-87600533
网址：http://www.xnjdcbs.com
印刷：成都中永印务有限责任公司

成品尺寸　185 mm × 260 mm
印张　9.25　　字数　225 千
版次　2021 年 1 月第 1 版　　印次　2024 年 8 月第 2 次

书号　ISBN 978-7-5643-7685-7
定价　32.00 元

课件咨询电话：028-81435775
图书如有印装质量问题　本社负责退换

前　言

城市轨道交通车辆是一个大型的机电设备，由机械部分和电气部分组成。

“城市轨道交通车辆机械构造”是城市轨道交通车辆技术的一门专业核心课程，主要介绍城市轨道交通车辆机械部分的内容，包括城市轨道交通车辆基础知识、车体、车门、转向架、车钩五部分内容。

本教材共有 5 个课题的内容。根据学习的规律，结合现场对学习知识点的要求，全书围绕机械部件的名称、作用、位置、结构和工作原理展开讲解。部分课题增加了分解与组装机械部件的内容，目的是通过实践学习加深对机械部件结构的认知。

本教材以南宁地铁 1 号线的主型列车为主要介绍对象，既结合当地特色，同时也兼顾共性。

针对当前高职学生的学习情况，与教材配套的辅助资源有很多：微课、教学视频、图片和动画，通过“提示”扫二维码，可以链接到资源库中的资料，多方位地辅助学习知识点。

本教材由王杰华担任主编，魏秀琴担任副主编。王杰华负责全书的统稿。

在教材的编写过程中，编者得到了南宁地铁、深圳地铁、南京康尼机电股份有限公司的大力支持，在此一并表示感谢。

本教材适用于中、高职学生学习城市轨道交通车辆机械部分的结构与原理，也适用于企业职工学习参考。

由于编者水平有限，教材中的一些专业知识的描述有不严谨的地方，还请同行专家不吝赐教。

编　者

2020 年 7 月

目 录

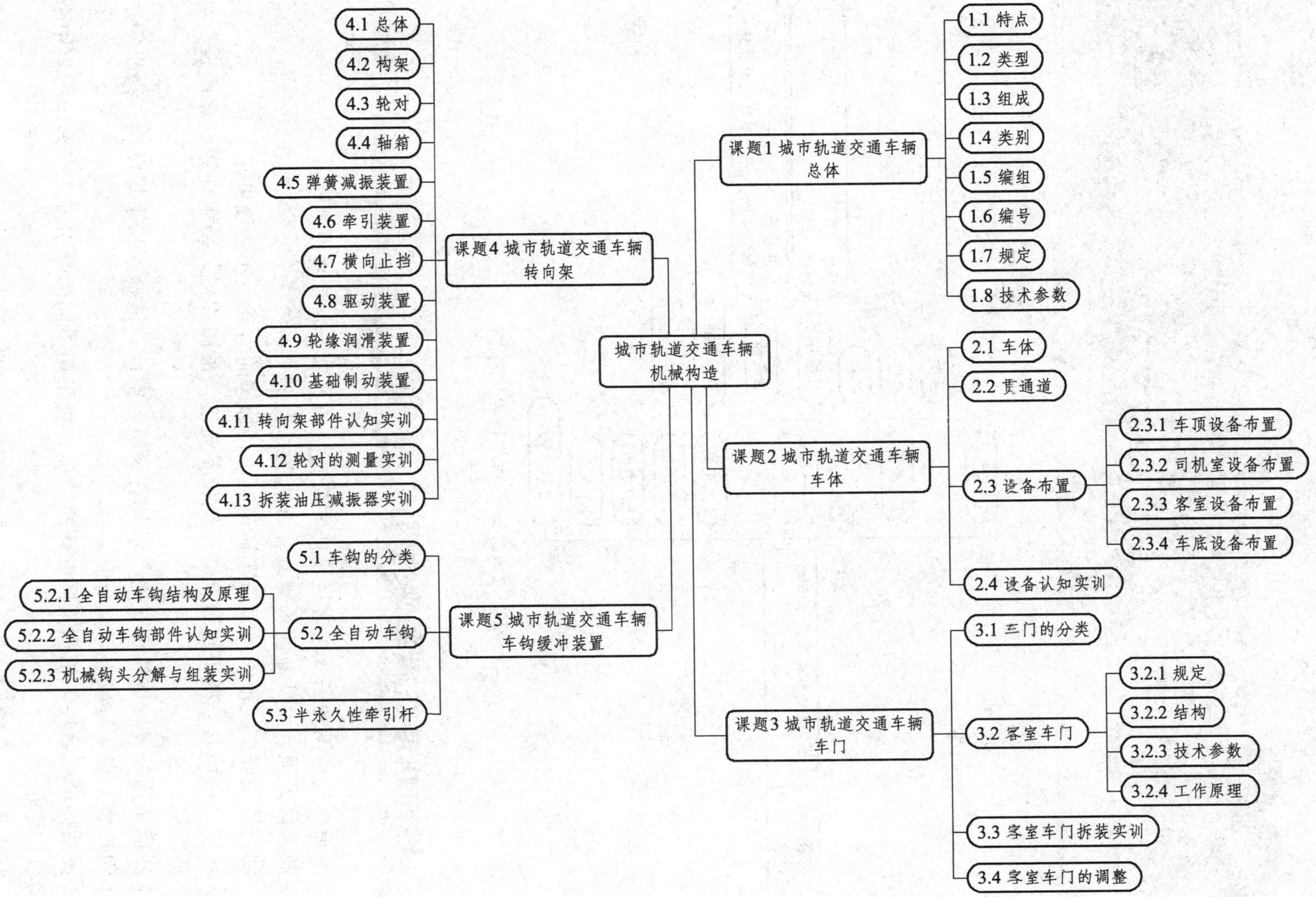

《城市轨道交通车辆机械构造》知识点思维导图

课题1 城市轨道交通车辆总体

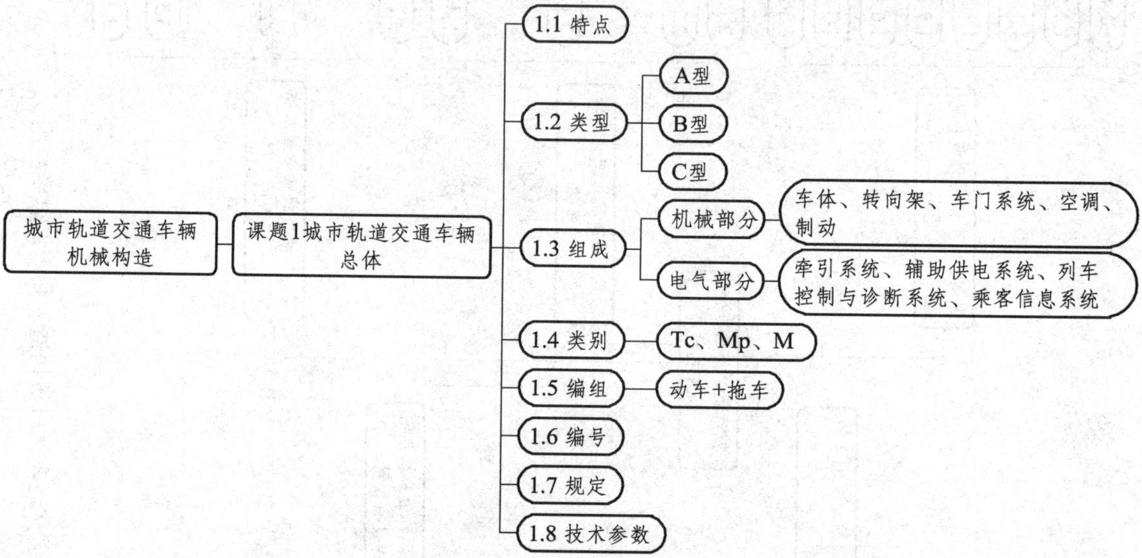

城市轨道交通车辆总体思维导图

1.1 城市轨道交通车辆的特点

城市轨道交通车辆是完成乘客运输任务最直接的工具，它具有以下特点：

（1）载客能力强。大型地铁车辆载客可达 350 人/辆。

（2）动力性能好。城市轨道交通车辆速度快，加速能力强，制动效果好。

（3）安全可靠性高。城市轨道交通车辆设备先进，故障率低，稳定性和可靠性高，突发情况下适应能力强。

（4）环境条件好。城市轨道交通车辆具有照明、空调、座椅、扶手等设施，乘坐舒适性好。车辆外表美观，与城市环境协调一致。

（5）灵活的牵引特性。根据不同的线路特征，可采用不同的牵引方式，即动力集中牵引和动力分散牵引。

（6）节能环保。车辆采用电动车组，对环境造成的污染小。

1.2 城市轨道交通车辆的类型

城市轨道交通车辆类型很多，常见的有三种分类方式，具体见表 1-1 和图 1-1 ~ 图 1-3。

表 1-1　城市轨道交通车辆的类型

分类方式	类　型		
按配电方式	接触网供电		接触轨供电
	受电弓受电		集电靴受电
按动力装置	动车		拖车
按车体宽度	A 型	B 型	C 型
	3.0 m	2.8 m	2.6 m

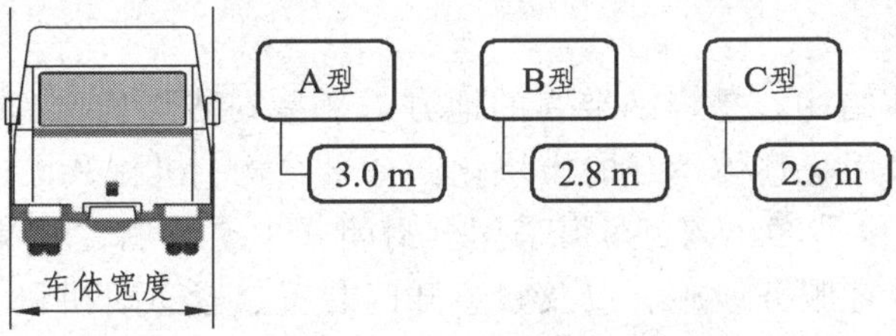

图 1-1　车体宽度

图 1-2　接触网供电

图 1-3　接触轨供电

1.3 城市轨道交通车辆的总体组成

城市轨道交通车辆主要由车体、司机室、客室车门、转向架、车钩及缓冲装置、制动系统、空调通风系统、主电路系统、辅助供电系统、牵引制动控制系统、列车通信控制系统、乘客信息系统、照明系统等部分组成，如图 1-4 所示。

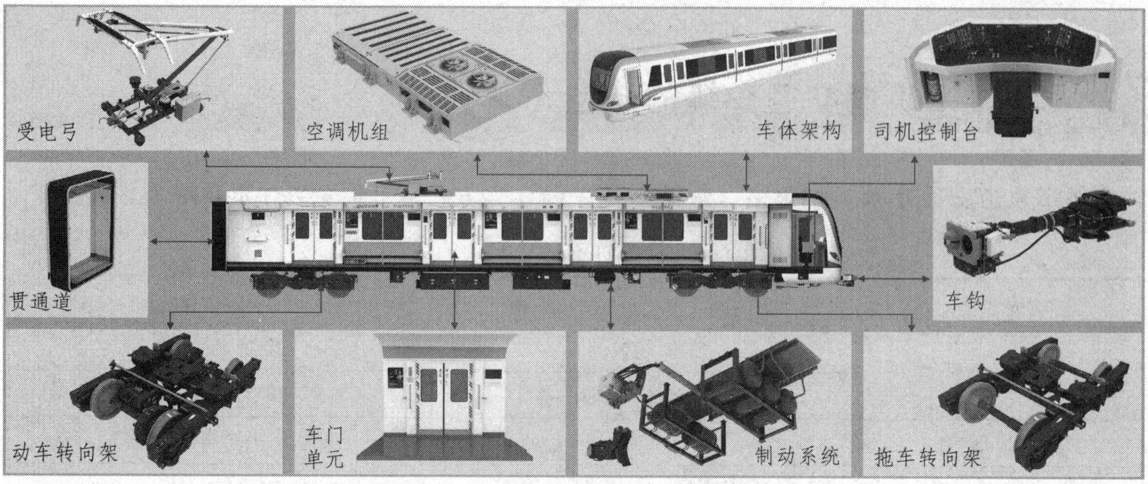

图 1-4　城市轨道交通车辆的总体组成

1. 车　体

车体是车辆的主体结构，是容纳乘客的地方，又是安装与连接其他设备和部件的基础。南宁地铁车辆的车体采用了整体承载的模块化铝合金结构，机械紧固连接，在每个客室设有4对对开式电动塞拉门供乘客出入，车窗采用全封闭式中空玻璃，车内还安装有座椅、扶手、乘客信息系统等各种乘客服务设施，以及紧急开门装置、紧急对讲机、灭火器等安全设施。

2. 司机室

司机室是供司机驾驶的地方，安装在 Tc 车前端，为模块结构，主要由车钩托梁、前端结构、顶部结构和侧墙结构等组成，外罩玻璃钢罩板。司机室前端设有防爬装置（有的司机室设置紧急疏散门）；侧墙设有供司机上下的侧门；后墙设有通向客室的间隔门；司机室前窗为电热式车窗，可通电加热。当列车发生撞车时，防爬装置能分散碰撞力，减少车体损失。此外，司机室内还有许多电气设备，包括电线槽内部配件等，这些设备要在总装配之前安装完成并进行测试。

3. 客室车门

客室车门是供乘客上下车的通道，是动作最频繁的设备之一。南宁地铁客室车门采用对开式电动塞拉门，每辆车有 8 个客室车门，左右侧对称布置，具有自动开关门功能，每个车门的动作由一个门控单元控制。

4. 转向架

转向架是车辆的走行部，是支撑车体载荷并使车辆沿着轨道行驶的装置。转向架分动力转向架和非动力转向架。转向架由 H 形构架、一系悬挂装置（圆弹簧）、二系悬挂装置（空气弹簧）、轮对装置、基础制动单元等组成，具有能根据负载情况对车辆地板高度进行自动调整的功能；动力转向架还装有牵引电机和齿轮转动装置。转向架的主要作用是承担车体及载客的重量，传递列车牵引力，保证列车顺利通过小半径曲线轨道。

5. 车钩及缓冲装置

车钩是连接车辆以及车辆之间的电路和气路，传递列车运行的牵引力、制动力并缓解车辆之间冲击力的装置。南宁地铁车辆采用密接式车钩，包括全自动车钩、半自动车钩和半永久牵引杆三种。全自动车钩设置在列车端部，能够实现机械、电路、气路的自动连接与分离。半自动车钩设置在列车中部的两个车组之间，可以实现机械、气路自动连接与分离，电路需要人工连接与分离。半永久牵引杆安装在列车车组内车辆上，其机械、电路、气路均需要人工进行连接和分离。当一列车以不超过 15 km/h（负载为 AW_0）的速度运行与另一静止的列车相撞时，车钩系统能够有效地吸收碰撞能量。

6. 制动系统

制动系统是使车辆减速或停车的系统，是保证列车安全行车的重要系统之一。南宁地铁车辆制动系统由电气制动和空气制动两部分组成，根据需要分别对列车施加电气制动、空气制动或电空混合制动，使运行中的列车减速或在规定的距离内停车。空气制动系统包括空压机单元、空气控制单元、空气干燥器、储风缸等。

7. 空调通风系统

空调通风系统是改善车厢内的空气质量必要的通风和温度调节装置。南宁地铁车辆的每节车辆配有两台独立的车顶单元式空调机组，用于客室的通风和空气调节，每节车两台空调机组的运行由一个控制板进行控制。带司机室的 Tc 车配有独立的司机室通风机，可通过手动旋钮对风量进行多级调节。正常情况下，由空调机组提供给每节车的总风量为 10 000 m^3/h；在列车交流供电系统失效的情况下，提供客室和司机室紧急通风 45 min，紧急通风的通风量为 4 000 m^3/h，全部为新风。

8. 主电路系统

主电路系统是列车牵引力和电制动力得以实现的有效载体，同时列车其他各系统的电源也均来自主电路系统。主电路系统通过安装在 M 车车顶的受电弓将接触网的 DC 1 500 V 电引入 M 车底架下部的 PH 箱（牵引高压箱）中，在 PH 箱中受高速断路器控制后，经牵引逆变器逆变送入牵引电机，并最终通过接地碳刷经由车体、转向架形成电流回路。

9. 辅助供电系统

辅助供电系统直接通过受电弓从接触网获得 DC 1 500 V 高压电并通过内部转化处理向列车提供 380 V 交流电和 110 V 低压直流电。车辆上的辅助设施如空调、电气设备通风、空气压缩机等交流辅助负载，以及列车控制系统、客室车门控制和驱动系统、照明系统、乘客信息系统等直流辅助负载，都是由辅助供电系统供给电源。

辅助供电系统主要由辅助逆变器、蓄电池充电机、蓄电池、ACM 线路电抗器、控制电器等部件组成。辅助逆变器将 DC 1 500 V 输入逆变成 AC 380 V 供给车辆交流负载，还有一路交流输出再转换成 DC 110 V 低压直流电供给车辆直流负载。DC 110 V 输出还有一类是与辅助逆变器分开设置，单独直接将 DC 1 500 V 输入转换成 DC 110 V 低压直流输出供给车辆直流负载。

10. 牵引制动控制系统

牵引制动控制系统是指为实现列车牵引和制动控制相关功能而设计的有节点逻辑控制的电路系统，其采用的主要部件为继电器、行程开关、按钮开关、旋钮开关以及连接用的导线等。在该系统中，继电器是实现各项逻辑功能的主要部件，通过确定继电器线圈得电吸合的条件以及其触头开关所关联的功能电路，可以实现一定逻辑的电路功能，以达到列车整体性牵引、制动控制的条件，并将该信息输入列车通信控制系统，通过其内部的控制程序运算，最终实现对列车的有效控制。

11. 列车通信控制系统

列车通信控制系统（TCC）是将列车的各个子系统及相关外部控制电路的信息进行读取、编码、通信传递、数据逻辑运算及输出控制的一个计算机网络系统。该系统对列车的供电状况、速度、列车运行模式等状态信息进行实时监控和识别，并根据读取到的列车驾驶员发出的指令信息，对列车上各个子系统发出相关控制指令，进而使各子系统产生相应的调整控制，以符合设定的功能要求，实现对列车的有效控制。

12. 乘客信息系统

乘客信息系统的作用是向乘客提供列车运行信息、安全信息和其他公共信息等。乘客信息系统由列车有线广播系统和乘客信息显示系统两部分组成，其中乘客信息显示系统又由列车综合图文显示系统和车站地图闪光系统组成。车站地图闪光系统显示器能够实时向乘客显示列车运行线路、运行方向、目的地站以及将要到达的下一站、当前停靠站、车门打开侧等信息。

13. 照明系统

由于地铁车辆主要在隧道内运行，所以车辆的照明非常重要，这不仅是列车安全运行的需要，也是乘客乘坐地铁的需要。列车照明系统分为车辆外部照明和车辆内部照明，外部照明包括（远、近）前照灯、尾灯和运行灯，车辆内部照明包括司机室照明和客室照明。

1.4 城市轨道交通车辆的类别

动力单元：城市轨道列车中，动车和拖车通过车钩连接而成的一个相对固定的编组。动力单元=1M+1T 或者动力单元=2M+1T。其中，T 为拖车；M 为动车。

如图 1-5 所示，组成动力单元的三节车辆是不同的。拖车（1）与动车（2）不同，同样是动车的（2）与动车（3）也不同。动车（2）带受电弓，动车（3）不带受电弓。

为了表示它们之间的区别，将它们分别称作 A、B、C 类车。南宁地铁将它们分别归为 Tc 车、Mp 车和 M 车三类车。其中，Tc 车为带司机室的拖车；Mp 车为带受电弓的动车；M 车为动车。

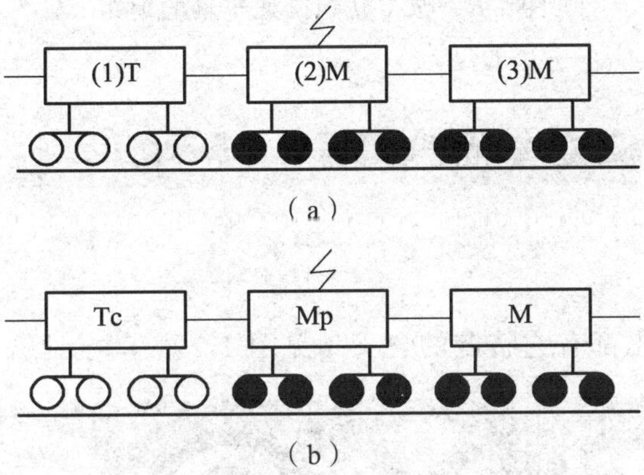

图 1-5　城市轨道交通车辆的类别

1.5　城市轨道交通车辆的编组

（1）深圳地铁车辆是由两个单元车组合在一起构成 6 辆车的列车编组。每个单元车组分别由 A、B、C 车组成，构成独立的动力单元，自成体系。司机可通过 A 车上贯通全车的列车线控制 6 节车同步运行。

编组形式通常用符号表达如下：

—A*B*C = C*B*A—

其中，A 车是带司机室的拖车；B 车和 C 车是带驱动电机的动车（B 车带受电弓）；—为全自动车钩；= 为半自动车钩；*为半永久牵引杆。B 车通过半永久牵引杆与 A 车和 C 车连接，C 车之间是通过半自动车钩连接的。每列车的两端都装有全自动车钩，能够实现机械、电气、气路的整体连接。每辆车之间设有贯通道，通过车辆之间的贯通道可使车内的载客量在整车上平均分布。

（2）南宁地铁列车由两个单元共 6 辆车组成，每个单元由 1 辆拖车（Tc 车）和 2 辆动车（Mp、M 车）组成，各个单元的司机室端配备全自动车钩。如果出现紧急情况，可将两列车连挂，用一列车来拖动另一列车；仅 Mp 车 2 位端上装受电弓和避雷器，Mp 车高压箱提供库用电源插座。

编组形式通常用符号表达如下：

—Tc*Mp*M = M*Mp*Tc—

城市轨道交通车辆的编组如图 1-6 所示。

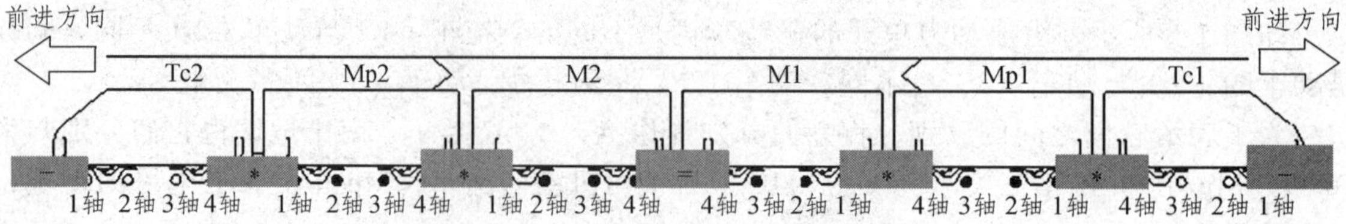

图 1-6 城市轨道交通车辆的编组

1.6 城市轨道交通车辆的编号

1. 地铁标志

每个城市的地铁标志都有它特定的含义（见图 1-7）。南宁地铁的标志如图 1-8 所示。

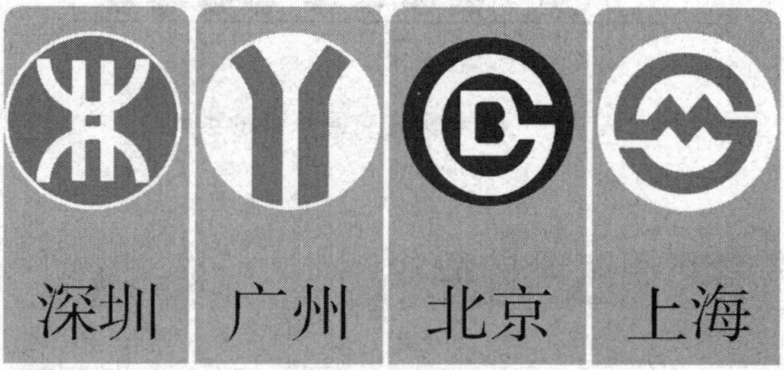

图 1-7 地铁标志

图 1-8 南宁轨道交通标志

南宁轨道交通标志极富南宁本土地域特色，主体结构取自南宁市市花——朱槿花。向上绽放的花形寓意轨道交通将助力南宁城市经济蓬勃发展。朱槿花的下半部分由南宁两个字母“N”构成，寓意南宁。交汇的线条既如树叶上的脉络，又如轨道，预示生态宜居的南宁未来发达的轨道交通网络。标志以蓝色基调蕴含安全与科技元素，同时与泛北部湾、南宁水城建设理念一脉相承。

凡是与地铁相关的车辆或建筑物，都会被打上地铁标志，如地铁车站和地铁车辆（见图 1-9、图 1-10）。我们通过地铁标志可以认识车辆的属地。

图 1-9　地铁车站

图 1-10　地铁车辆

2. 车辆的编号

一般每节城市轨道交通车辆都有属于自己的固定编号。但各车辆制造商或运营商的编号方式是不一样的。首先，要确定车辆的属地，继而读懂车辆编号的含义。以南宁地铁为例，南宁地铁车辆采用 5 位数字编号，车辆编号包含线路序号、车列编号、车辆在车列中的位置，如图 1-11 和图 1-12 所示。

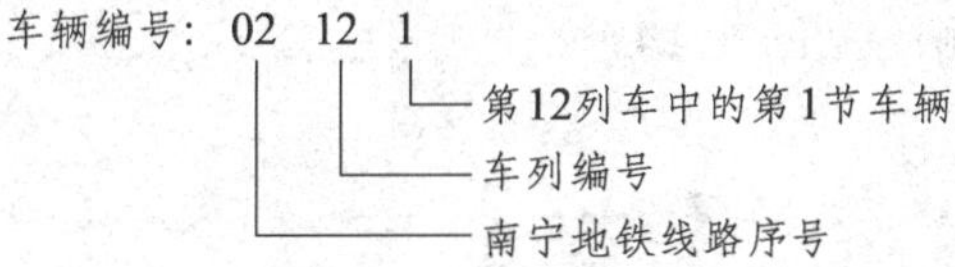

图 1-11　车辆的编号

车辆编号说明：南宁地铁 2 号线，第 12 列车的第 1 节车辆。

图 1-12　印在车体上的车辆编号

1.7 城市轨道交通车辆相关规定

1. 车辆的车端

每辆车的 1 位端按如下定义（另一端就被定义为 2 位端，见图 1-13）：

Tc 车：1 位端是带有全自动车钩和司机室的一端。

Mp 车：1 位端是与 Tc 车连接的一端。

M 车：1 位端是连接半永久牵引杆的一端。

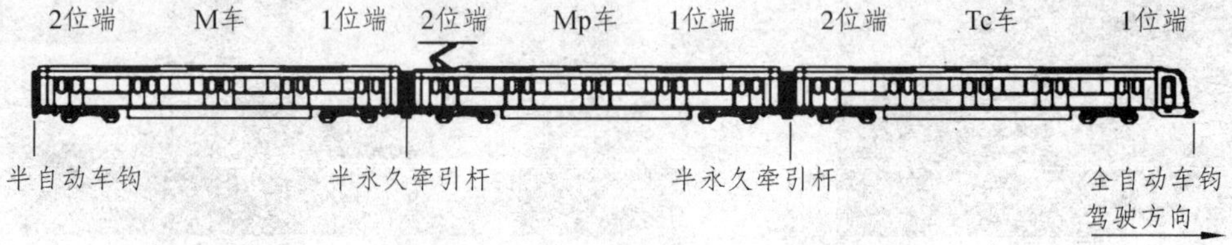

图 1-13　车辆的车端

2. 车辆的车侧

站在车辆的 2 位端，面向 1 位端，人的右侧为车辆的右侧，人的左侧为车辆的左侧。

3. 列车的左右侧

列车的车侧定义与车辆的车侧定义不同。面向列车行驶的方向，人的右侧为车辆的右侧，人的左侧为车辆的左侧（见图 1-14）。

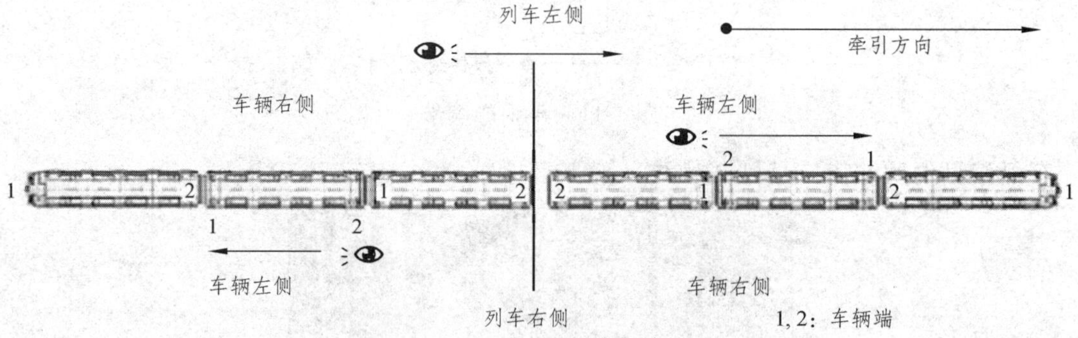

图 1-14　列车车侧及车辆车侧

4. 转向架的编号和轴的编号

转向架的编号：车辆的 1 位端转向架为转向架 1，车辆的 2 位端转向架为转向架 2（见图 1-15）。

车轴的编号：从车辆 1 位端转向架开始编号一直到 2 位端转向架，依次为该车的 1 轴、2 轴、3 轴、4 轴（见图 1-15）。

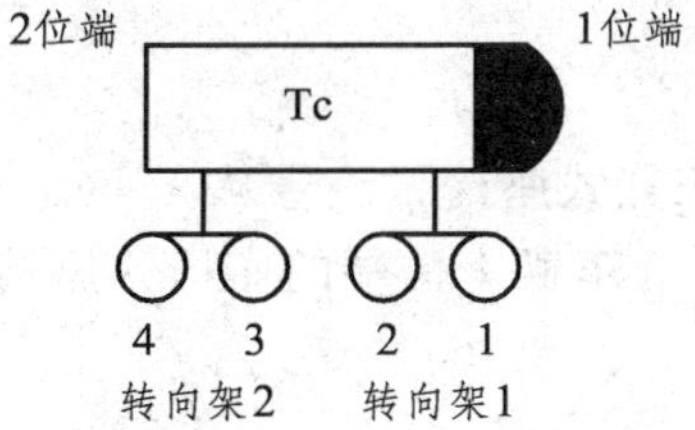

图 1-15　转向架的编号和轴的编号

5. 车门的编号

车门的编号为 1 位数字编号，从 1 位端开始向 2 位端编号，从左侧开始向右侧编号：沿着每辆车的左侧，车门编号为 1、3、5、7；沿着每辆车的右侧，车门编号为 2、4、6、8（见图 1-16）。

左侧 1 号门、右侧 2 号门是最靠近 1 位端的车门。

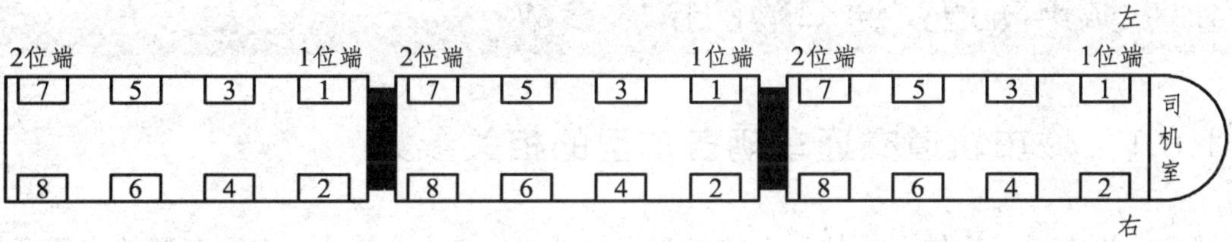

图 1-16　车门的编号

车门上有车门的编号，如图 1-17 为 3 车 2 门。

图 1-17　车门的编号

6. 列车空调单元的编号

每辆车的车顶安装两个空调单元（A/C 单元），位于 1 位端的空调单元称作空调单元 1，位于 2 位端的空调单元称作空调单元 2。

7. 座椅的编号

客室两侧纵向分布有 6 张长凳式座椅，编号从 1 ~ 6，车辆右侧座椅编号为偶数，左侧为奇数，座椅 1 号、2 号为最靠近车辆 1 位端的座椅，座椅 5、6 号为最靠近车辆 2 位端的座椅，如图 1-18 所示。

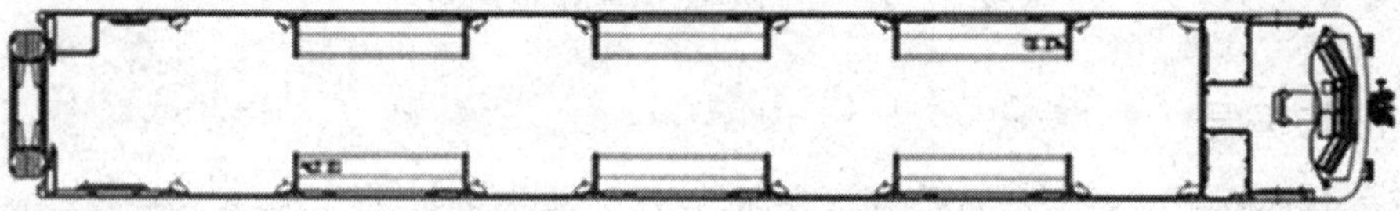

图 1-18　座椅的编号

1.8　城市轨道交通车辆的技术参数

1.8.1　城市轨道交通车辆各车型的相关参数

城市轨道交通（地铁、轻轨）车辆类型可分为 A、B、C 三种。三种车型的主要区分是车体宽度，一般而言，A 型车的车宽为 3.0 m，B 型车的车宽为 2.8 m，C 型车的车宽为 2.6 m。A 型车长度一般为 21 ~ 24 m；B 型车长度一般为 19 ~ 21 m；C 型车长度一般为 15 ~ 19 m。列车长度可以靠改变编组来随时变化，而列车高度差别不大（因为人的身高都差不多），所以这些都不是车型的参考标准。只有宽度是区分车型的唯一标准，而且一旦成型就无法改变。

通常而言，各个车型的技术参数如表 1-2 所示。

表 1-2　各个车型的技术参数

车　型	A 型车	B 型车	C 型车
最大客运量（单向小时人次）	4.5 万 ~ 7.5 万	3.0 万 ~ 5.5 万	0.8 万 ~ 3.0 万
线路形态	隧道为主	隧道为主	地面或高架
路用情况	专用	专用	专用
平均站距/m	800 ~ 1 500	800 ~ 1 200	600 ~ 1 000
站台长度/m	200	200	120
站台高低	高	高	高
车辆宽度/m	3.0	2.8	2.6
车辆定员（站 6 人/m^2）	310	240	220
最大轴重/t	16	14	11
最大速度/（km/h）	80 ~ 160	100	80
平均运行速度/（km/h）	34 ~ 40	32 ~ 40	30 ~ 40

续表

车　型	A 型车	B 型车	C 型车
轨距/mm	1 435	1 435	1 435
额定电压/V	DC 1 500	DC 1 500（750）	DC 1 500（750）
受电方式	架空线/第三轨	架空线/第三轨	架空线/第三轨
列车自动保护	有	有	有
列车运行方式	ATO/司机驾驶	ATO/司机驾驶	ATO/司机驾驶
行车控制技术	ATC	ATC	ATP/ATS
列车最多车辆编组	3～8	6～8	4～7
列车最小行车间隔/s	90	120	120

注：ATO 为列车自动驾驶；ATC 为列车自动控制；ATP 为列车自动保护。

1.8.2　城市轨道交通车辆主要性能参数解析

1. 车辆的性能参数

1）自重、载重、轴重和每延米轨道质量

自重：车辆整备状态下的本身结构及设备组成的全部质量。

载重：正常情况下车辆允许的最大装载质量。

载重的表示：W_0为空载；W_1为坐客；W_2为定员 6 人/m^2；W_3为 9 人/m^2。

轴重：按车轴形式及在某个运行速度范围内，车轴允许负担（包括轮对自身的质量）的最大质量。轴重的选择与线路、桥梁及车辆走行部设计有关。

举例：某车辆设两台 2 轴转向架，自重 36 t，载重 24.6 t，轴重 15.5 t。

车辆总重=36+24.6=60.6（t）

轴重=60.6/4=15.15（t）

实际轴重 15.15 t< 允许轴重 15.5 t

每延米轨道质量：车辆设计中与桥梁、线路强度密切相关的一个指标，同时又是能否充分利用站线长度、提高运输能力的一个指标，其数值是车辆总质量与车辆全长之比。

2）构造速度

构造速度：指车辆设计时，按照安全及结构强度等条件所决定的车辆最高行驶速度，并要求连续以该速度运行时车辆具有足够良好的运行性能。

一般车辆的构造速度为 90 km/h，最高运行速度为 80 km/h，平均速度为 60 km/h，旅行速度为 38 km/h。

3）轴列式

轴列式：车辆转向架个数与轴数配置情况，用数字或字母表示转向架结构特点的方式。

非动轴轴数直接用数字表示；动轴轴数用字母表示：A=1，B=2，C=3。

如图 1-9 所示，A 车转向架的轴列式表示为 2-2。

含义："2"表示每个转向架有 2 根非动轴，两个"2"表示一共有 2 个转向架，"-"表示两转向架之间没有连接。

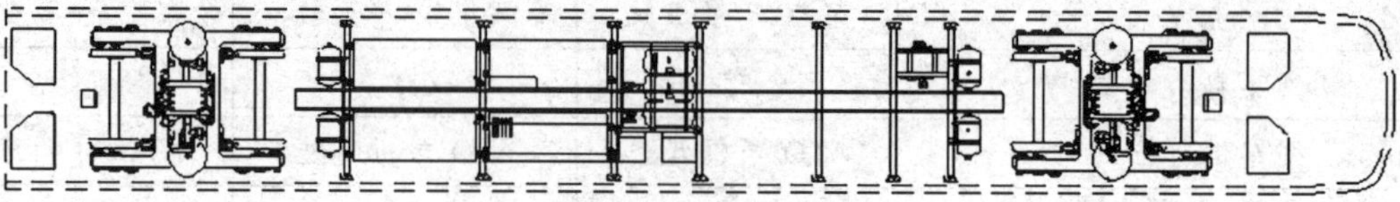

图 1-19　A 车

如图 1-20 所示，B 车转向架的轴列式表示为 B-B。

含义："B"表示每个转向架有 2 根动轴，两个"B"表示一共有 2 个转向架，"-"表示两转向架之间没有连接。

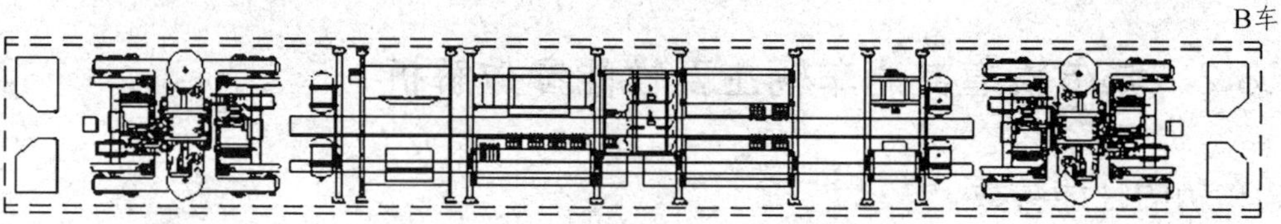

图 1-20　B 车

4）最小曲线通过半径

最小曲线通过半径是指配用某种形式转向架的车辆在站场或厂、段内调车时所能安全通过的最小曲线半径。

例如，南宁地铁的通过最小平面曲线半径：正线为 300 mm；辅助线为 200 m；车场线为 150 m。

5）座席数及每平方米地板站立数

城市轨道交通车辆一般有 4 种载客工况：AW_0 为空车；AW_1 为座席；AW_2 为定员；AW_3 为超员。座席数一般为 55 ~ 65 人，站立数一般为 250 人。超载时乘客总数以 9 人/m^2 计算。

6）冲击率

冲击率是由于工况改变引起的列车中各车辆所受到的纵向冲击，以加速度变化率（m/s^3）来衡量。城市轨道交通车辆的纵向冲击率不得超过 1 m/s^3。

7）制动形式

制动有摩擦制动、再生制动、电阻制动、磁轨制动、液压制动等多种形式。

8）起动平均加速度和制动平均减速度

起动平均加速度：在平直线路上，列车载荷为额定定员，自牵引电动机取得电流开始至起动过程结束（即转入其自然特性时），该速度值被全过程经历的时间所除得的商（0.9 m/s^2）。

制动平均减速度：在平直线路上，列车载荷为额定定员，自制动指令发出至列车完全停止的全过程，相应的制动初始速度（一般取最高运行速度）被全过程经历的时间所除得的商（$1.0\ m/s^2$）。

2. 城市轨道交通车辆尺寸参数

（1）车辆全长：车辆处于自由状态，车钩呈锁闭状态时，两端车钩连接面之间的距离。

（2）车体长度：不包含牵引缓冲装置或折棚的车体结构的长度，为车体两外端墙板外表面间的水平距离。

（3）底架长度：底架两端梁外表面间的水平距离。

（4）车辆宽度。

车辆宽度：车辆两侧最外凸出部位之间的水平距离。

车辆最大宽度：车辆侧面的最外凸出部位与车体纵向中心线间的水平距离的 2 倍。

（5）车辆高度。

车辆高度：空车时，车体上部外表面至轨面的垂直距离。

车辆最大高度：空车时，车辆顶部最高点与钢轨顶面之间的距离。通常需说明与最高点相关的结构，如有无空调、受电弓的状态等。

（6）地板面高度。

空车时，底架地板上表面至轨面的垂直距离，取新造或修竣后空车的数值。上海地铁地板面高度为 1 130 mm，北京地铁地板高度为 1 150 mm。

（7）车钩中心线高度。

车钩中心线高度简称车钩高，它是指车钩中心线至轨面的垂直高度，取新造或修竣后空车的数值。列车中各车辆的车钩高基本一致，这是保证车辆正确连挂、列车运行中正常传递牵引力及不会发生脱钩事故所必需的。

广州、上海地铁车辆车钩高为 720 mm，天津轻轨车辆和北京地铁车辆车钩高为 660 mm。

（8）车辆定距。

同一车辆的两转向架回转中心之间的距离称为车辆定距。车辆定距是计算中不可或缺的技术参数。一般在制造车辆时，取车体长度与定距之比为 1.4∶1。该比例过大时易引起牵引梁下垂；但也不可过小，否则会造成通过曲线线路时，车体中部偏移量过大。

（9）固定轴距。

同一转向架的两车轴中心线之间的水平距离称为固定轴距。

1.8.3 B 型车主要技术参数

1. 供电条件

供电方式：架空接触网；

供电电压（额定）：DC 1 500 V；

电压变化范围：DC 1 000 V ~ 1 800 V（再生制动时允许瞬时达到 DC 1 950 V）。

2. 车辆主要尺寸

B 型车车辆主要尺寸如表 1-3 所示。

表 1-3　B 型车车辆主要尺寸

车体载荷	车体静态纵向压缩载荷	1 000 kN
	车体静态纵向拉伸载荷	800 kN
车辆长度（车钩连接面之间的长度）	Tc 车	20 354 mm
	M 车	19 520 mm
车体尺寸	列车长度（含车钩长度）	118 788 mm
	地板面处车辆宽度	2 800 mm
	Tc 车长度	19 650 mm
	M 车长度	19 000 mm
	车辆高度	3 800 mm
	车辆地板面距轨面高度（AW_0，新轮，空气簧充气）	1 100 mm
转向架中心距		12 600 mm
转向架固定轴距		2 300 mm
转向架最低点离轨面的最小距离（磨耗轮）		60 mm
车钩中心线距轨面高度		660 mm
车轮直径	新轮	840 mm
	半磨耗轮	805 mm
	磨耗轮	770 mm
轮对内侧距		（1 353±2）mm
车体内中心高度（客室内净空高度）	地板面到天花板中心最小高度	2 100 mm
	客室内乘客站立区最小高度	1 900 mm
客室侧门	侧门对数	4 对/辆
	侧门开度	1 300 mm
	侧门开启时，门槛顶面以上高度	1 880 mm
	每辆车相邻客室车门中心距	4 460 mm
	相邻车之间相邻客室车门中心距	6 140 mm
	开门和关门的时间	（3±0.5）s
司机室侧门	司机室侧门净开宽度	560 mm
	司机室侧门开启时，门槛顶面以上高度	1 860 mm
贯通道（不设置端门）	贯通道通过宽度	1 300 mm
	贯通道通过高度	1 900 mm
	贯通道长度	520 mm

续表

客室窗	每侧窗数	3 扇/辆
	窗底离地板面高度	880 mm
	窗顶离地板面高度	1 880 mm
	窗宽度	1 400 mm
	窗高度	1 000 mm

3. 列车牵引性能

B 型车列车牵引性能如表 1-4 所示。

表 1-4　B 型车列车牵引性能

列车最高运行速度	80 km/h
平均旅行速度	38 km/h
列车纵向冲击率	$\leqslant$0.75 m/s^3
平均起动加速度（0～40 km/h）	$\geqslant$1.0 m/s^2
平均加速度（0～80 km/h）	$\geqslant$0.62 m/s^2
列车连挂速度	3～5 km/h
洗车工况下列车走行速度	3～4 km/h
列车牵引计算黏着系数	0.165
传动比	6.687 5
电机持续功率	190 kW

4. 列车制动性能

B 型车列车制动性能如表 1-5 所示。

表 1-5　B 型车列车制动性能

常用制动平均减速度（80 km/h～0）	$\geqslant$1.0 m/s^2
快速制动平均减速度（80 km/h～0）	$\geqslant$1.2 m/s^2
紧急制动平均减速度（80 km/h～0）	$\geqslant$1.2 m/s^2
制动计算黏着系数	0.16
制动时冲击极限	$\leqslant$0.75 m/s^3
电空制动转换点	3～8 km/h

5. 故障运行能力

列车在超员状态下，当损失 1/4 牵引动力时，列车仍然可以在 30‰的坡道上起动，并能以正常运行方式完成当天运行。

列车在超员状态下，当损失 1/2 牵引动力时，列车仍然可以在 30‰的坡道上起动，能运行到最近车站，清客后返回车辆段。

6. 坡道救援能力

一列 6 辆编组的空车能将另一列停在 30‰坡道上的 6 辆编组超员故障列车移至下一车站，并且清客后牵引回车辆段（上坡）。

一列 6 辆编组的空车能将另一列停在 35‰坡道上的 6 辆编组故障空车救援回车辆段（上坡）。

7. 列车载客量

列车载客量如表 1-6 所示。

表 1-6　列车载客量

车　型	载荷类型	乘客平均质量/kg	乘客数量	每车乘客质量/kg	车辆质量/kg
Tc 车	AW_0	60	0	0	31 672
	AW_1（36 人）	60	36	2 160	33 832
	AW_2（230 人）	60	233	13 980	45 652
	AW_3（327 人）	60	332	19 920	51 592
Mp 车	AW_0	60	0	0	33 156
	AW_1（40 人）	60	40	2 400	35 556
	AW_2（250 人）	60	250	15 000	48 156
	AW_3（353 人）	60	353	21 180	54 336
M 车	AW_0	60	0	0	33 016
	AW_1（40 人）	60	40	2 400	35 416
	AW_2（252 人）	60	252	15 120	48 136
	AW_3（359 人）	60	359	21 540	54 556

扫一扫获取

本课题数字资源

课题 2

城市轨道交通车辆车体

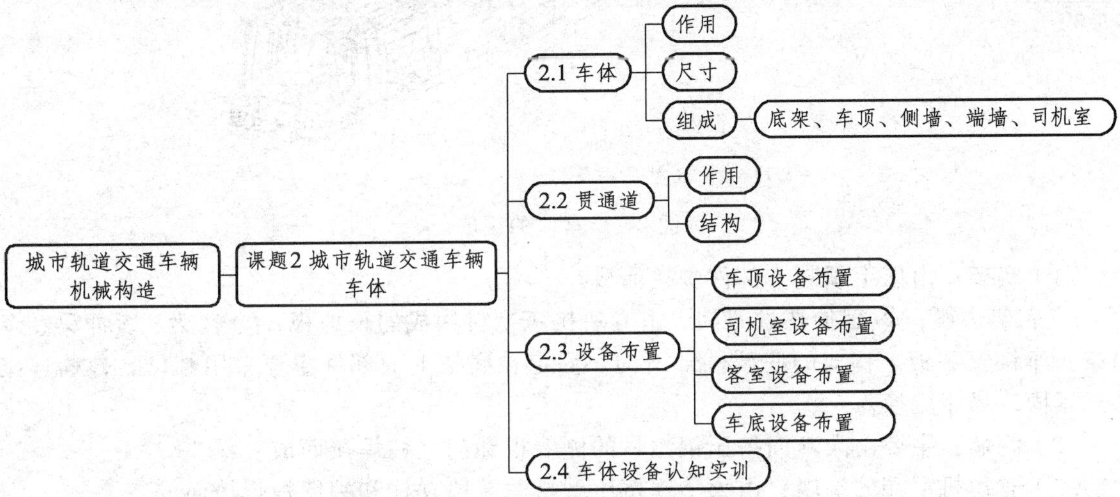

城市轨道交通车辆车体思维导图

2.1 城市轨道交通车辆车体

2.1.1 车体的作用

车体是容纳乘客和司机驾驶的部分。车体的主要作用是承受垂直、纵向、扭转等载荷，传递牵引力、制动力，并具有隔音、减振、保暖等功能。此外，车体还用于固定空气压力管、线缆及列车设备。

Tc 车司机室端的底架上设置了防爬器，车体底架和顶盖各设置了两根边梁，其作用是在严重撞击情况下，防止过载穿透车体客室。防爬器是一种可承受压力且相对客室区域较小的可更换式吸能元件，用来吸收撞击时产生的能量，降低事故中伤害乘客的风险。

2.1.2 车体的组成结构

1. 车体的组成

车体为整体承载结构，主要由大型中空挤压铝型材焊接而成。

车体由几个模块焊接而成，包括底架、侧墙、端墙、顶盖、司机室（带司机室车体，无司机室车体两端设置端墙）。

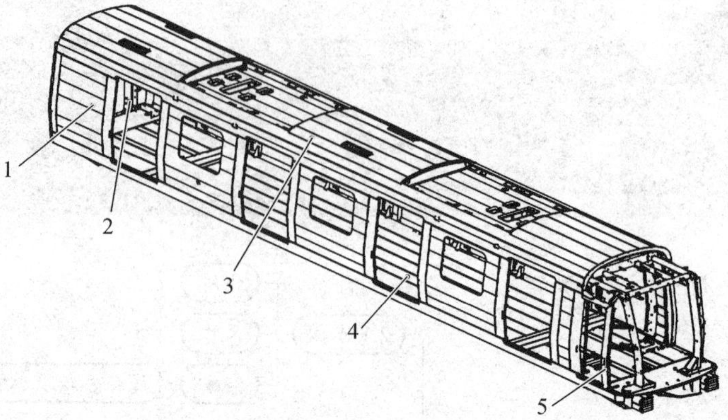

1—侧墙；2—端墙；3—顶盖；4—底架；5—司机室。

图 2-1　车体的组成

（1）底架：由以下预装小部件焊接而成。

① 底架边梁；② 延伸在枕梁间，由 6 块挤压型材构成的长地板；③ 枕梁、缓冲梁、牵引梁（车钩安装板）构成的底架端部结构。固定在底架上的部件主要采用螺母、螺栓连接形式紧固，易于更换。

（2）侧墙：主要由大断面挤压铝型材的侧墙板和门立柱焊接而成。

（3）非司机室端的端墙：由大型铝挤压型材的端墙立柱和端墙板焊接而成。

（4）顶盖：由两根顶盖边梁及纵向圆弧顶盖等部件组成。顶盖预留了空调安装槽，安装槽由铝型材焊接而成。顶盖设置有排水槽，可以充分排水，防止积水。

（5）司机室：由门立柱、前端立柱、司机室纵梁等部件组成，如图 2-2 所示；为满足工业设计需要，车体前端结构设计满足准流线型头罩安装；采用全宽型司机室，增加了司机视野。

司机室头罩采用玻璃钢夹层结构，为整体式头罩，如图 2-3 所示。司机室头罩上要开设刮雨器、头灯等开口，同时需预埋各种紧固件、连接座等部件。头罩与车体司机室骨架之间采用胶粘连接方式。

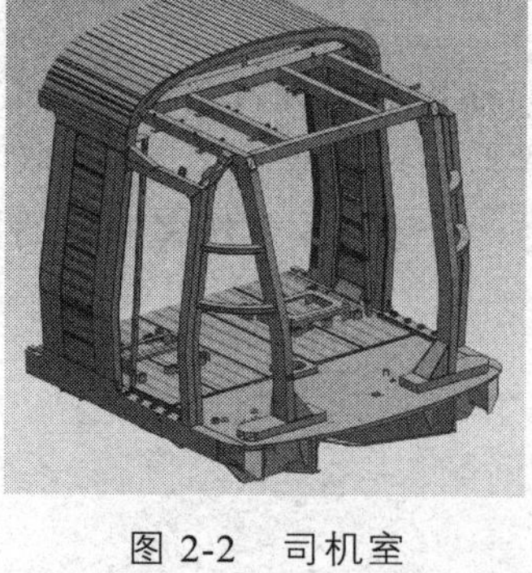

图 2-2　司机室

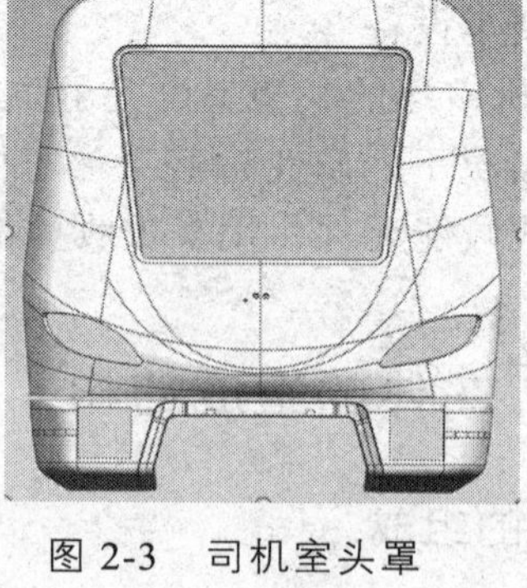

图 2-3　司机室头罩

2. 车体的尺寸参数

南宁地铁 1 号线车体尺寸参数如表 2-1 所示。

表 2-1　车体尺寸参数

Tc 车长度	19 650 mm	宽度（最大外宽）	2 892 mm
Mp 和 M 车长度	19 000 mm	高度（底架上平面到顶盖）	2 626 mm

2.1.3 车辆限界

车辆运行必须有一个安全的空间，对机车车辆和接近线路的建筑物、设备规定了不允许超越的轮廓尺寸，也就是限界。

车辆限界的分类如图 2-4 所示。

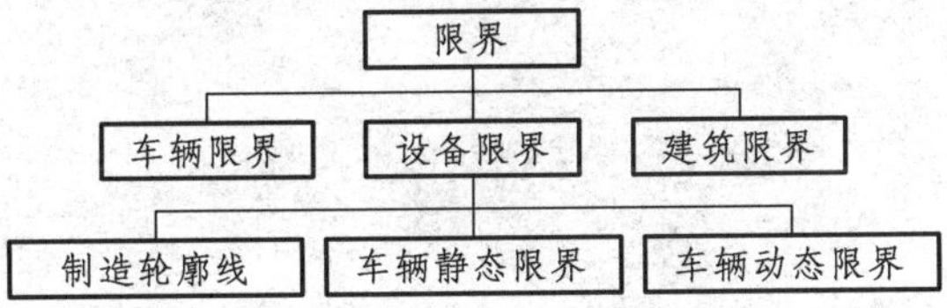

图 2-4　车辆限界的分类

1. 车辆限界

车辆限界是一个限制车辆横断面最大允许尺寸的轮廓图形。无论空车或重车，在直线地段运行时，所有突出和悬挂部分都应容纳在限界之内。车辆限界是车辆在正常运行状态下形成的最大动态包络线。

2. 设备限界

地铁设备限界是基准坐标系中位于车辆限界外的一个轮廓线，是用以限制设备安装的控制线。

除另有规定外，建筑物及地面固定设备的任一部分，即使计及了它们的刚性和柔性运动，均不得向内侵入此限界。

3. 建筑限界

地铁建筑限界是基准坐标系中位于设备限界以外的一个轮廓线，是在设备限界基础上，考虑了设备和管线安装尺寸之后的最小有效断面。

建筑限界规定了地下铁道隧道的形状、尺寸、位置，地下车站及站台位置和地面建筑物（包括接触网支柱、声屏障和站台屏蔽门等）的位置，任何永久性建筑物均不得向内侵入此限界。

4. 限界门

车辆段内的限界门如图 2-5 所示,主要是用来检测检修后的车辆是否有部件盖板未恢复或是存在其他超出限界的物体，消除正线侵限的隐患。

图 2-5　车辆段内的限界门

2.2　城市轨道交通车辆贯通道

2.2.1　贯通道的作用

贯通道装置也就是风挡装置，位于两节车厢的连接处。它是两车辆通道连接的部分，具有良好的防雨、防风、防尘、隔音、隔热等功能，能够使旅客安全地穿行于车厢之间，如图 2-6 所示。

图 2-6　贯通道

2.2.2　贯通道的结构

1. 贯通道的组成

一列 6 辆编组的列车配有 5 套完整的贯通道，每套贯通道安装在相邻的车端部，如图 2-7 所示。贯通道采用自支撑的方式。

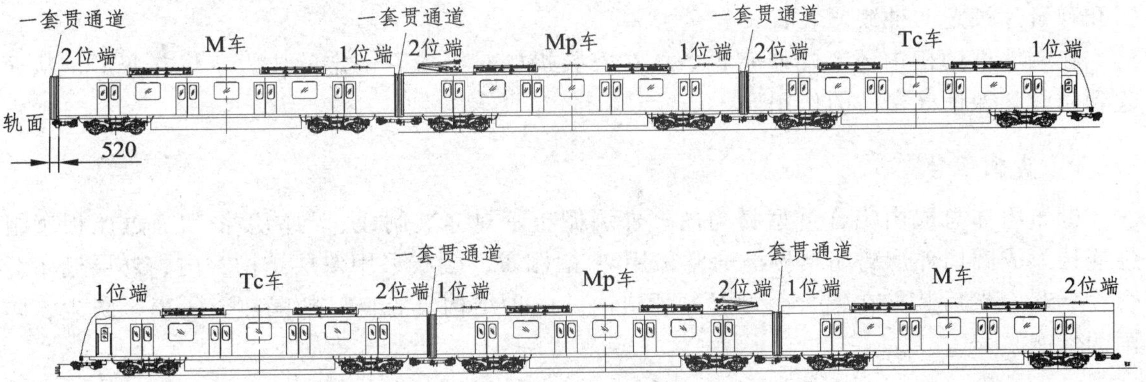

图 2-7　贯通道的安装位置

贯通道主要由六部分构成：端墙框总成、棚布体总成、侧护板总成、踏板总成、渡板总成和棚板总成，如图 2-8 所示。内部通道宽 1 300 mm，高 1 900 mm，拓宽了旅客的活动空间和视觉空间。通道地板采用高强度优质不锈钢扁豆花纹板，起到了防滑作用。侧护板采用新型截面型材，保证侧护板与端墙运动缝隙恒定不变。侧护板型材由表面喷漆的高强度铝型材构成，棚板由表面喷漆的高强度轻质铝合金构成。贯通道内部颜色与客室内饰颜色搭配协调一致，保证了车辆通道的舒适性、安全性、可靠性。

贯通道的安装顺序：端墙框总成—棚布体总成—侧护板和棚板连接座—踏板总成—渡板连杆总成—渡板总成—棚板总成—侧护板总成。

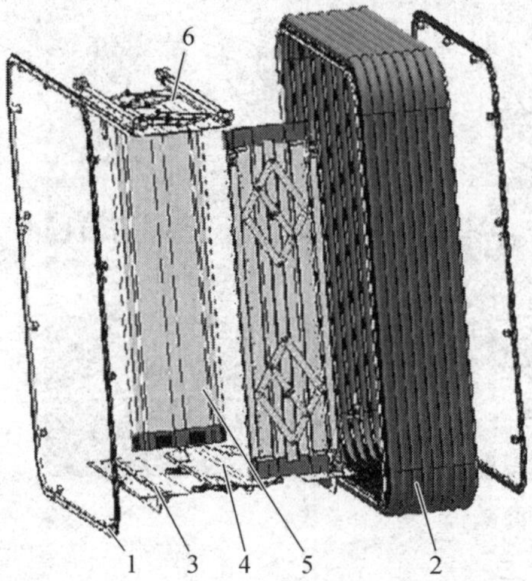

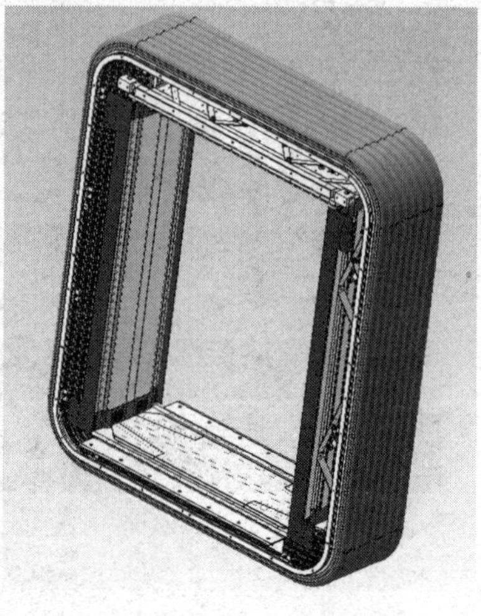

1—端墙框总成；2—棚布体总成；3—踏板总成；4—渡板总成；5—侧护板总成；6—棚板总成。

图 2-8　贯通道的总成

1）端墙框总成

端墙框由优质铝合金型材整体煨弯加工而成，且只有一道封闭焊缝，有较好的强度和平面度，和不锈钢相比质量很小。

在端墙框上焊接有压板锁组件，通过它把折棚安装在端墙框上的。而锁组件有重力自锁和弹簧片锁定两种锁紧装置，安全可靠。

在端墙框的槽内还有端墙密封条，在安装折棚时给予它一定的压力，将其变形，从而起到防雨和保证气密性的作用。

2）折棚组体总成

棚布组体总成由铝合金型材与内、外层棚布密封夹装制成，与端墙框架通过压板锁组件连接形成圆周环形封闭结构。通常采用 8 褶棚布，棚布采用双层结构，内、外层棚布缝合在一起，然后装夹在铝合金型材的牙口内。此种结构具有良好的隔热、隔声、防尘、防雨的性能。

3）踏板总成

踏板总成有边踏板、踏板、折页、端墙连接板、拉杆连接座、支撑板等组成，如图 2-9 所示。其中边踏板采用不锈钢扁豆花纹板制作，有较好的防滑作用，而踏板要与渡板的磨耗条配合滑动，所以踏板采用了不锈钢板（不带花纹）。

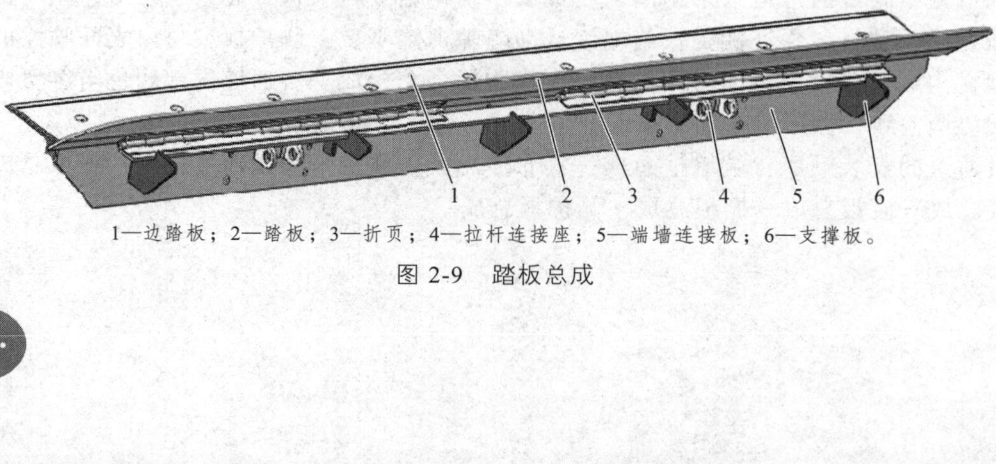

1—边踏板；2—踏板；3—折页；4—拉杆连接座；5—端墙连接板；6—支撑板。

图 2-9　踏板总成

边踏板与端墙连接板配焊到一起，踏板通过折页与边踏板安装到一起，并且连接在支撑板上。这样通过边踏板和端墙连接板上的安装孔便可以把踏板总成安装到车体端墙上。

4）渡板总成

渡板总成由渡板、边渡板、锁组件、拉杆总成以及磨耗条等组成，如图 2-10 所示。其中渡板和边渡板由不锈钢扁豆花纹板制作而成，有防滑作用。磨耗条通过拉铆钉安装在渡板上，使用寿命为 6～7 年。

锁组件在安装和拆卸渡板时使用。

拉杆总成中心安装在渡板上，两端安装在踏板上的拉杆连接座上，其主要作用是列车在过曲线时保证渡板总在两个端墙的中心线上，通过曲线后保证渡板迅速回位。

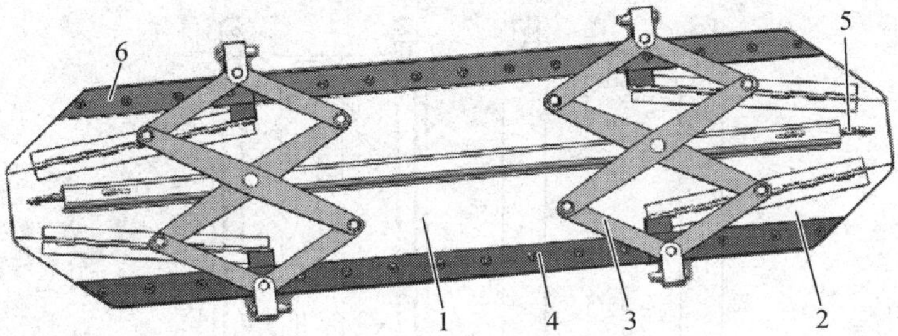

1—渡板；2—边渡板；3—拉杆总成；4，6—磨耗条；5—锁组件。

图 2-10　渡板总成

5）侧护板总成

侧护板主要由高强度铝合金型材制作而成，它主要包括中间护板、侧护板、拉杆总成、上下挡尘板、上下连接座、安装销轴等，如图 2-11 所示。

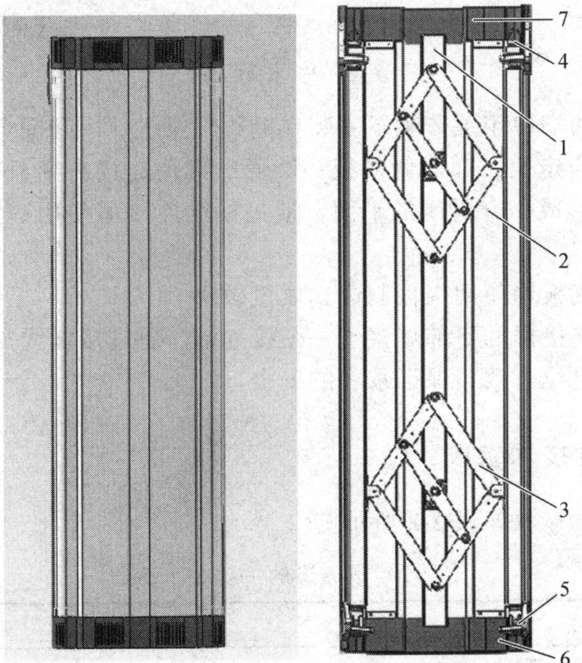

1—中间护板；2—侧护板；3—拉杆总成；4—上连接座；5—下连接座；6—下挡尘板；7—上挡尘板。

图 2-11　侧护板总成

拉杆总成中心安装到中间护板上，两端安装到侧护板的连接座上，其主要作用是列车在通过曲线时保证中间护板总是处在垂直状态，通过曲线后保证中间护板迅速回位。

上下挡尘板采用三元乙丙橡胶制成，质地柔软，抗老化性强。

侧护板总成通过上下连接座安装到车体端墙上，侧护板总成下部直接安装到下连接座的转角轴上，上部通过销轴固定在上连接座上，直接依靠销轴的重力自锁，结构简单，安全可靠。

6）棚板总成

棚板总成由中间棚板、两侧棚板、拉杆总成、棚板横梁及横梁连接座等组成，如图 2-12 所示。

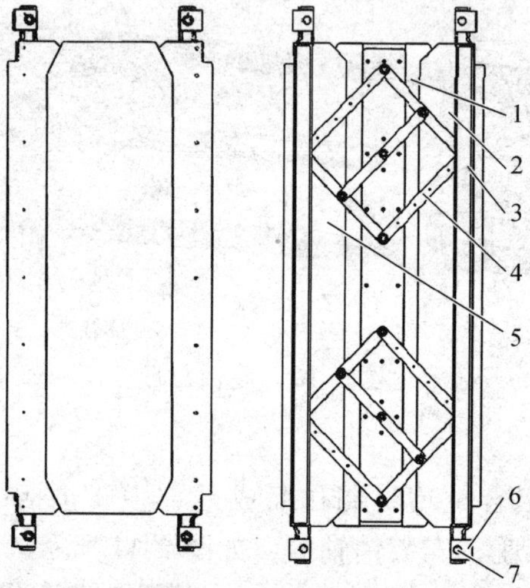

1，5—中间棚板；2—两侧棚板；3—棚板横梁；4—拉杆总成；6—横梁连接座；7—销轴。

图 2-12 棚板总成

棚板的拉杆总成两端使用关节轴承安装在棚板横梁上，中间固定在中间棚板的销轴上，这样就将中间棚板相应定位。而两侧棚板一端通过折页连接在棚板横梁上，一端搭在中间棚板的耐磨毛毡上，形成一个封闭的平面。通过横梁连接座使用销轴将棚板总成安装在车体端墙上。

中间棚板和两侧棚板均使用铝板制成，质量较小。

在棚布组体总成连接框的下部焊接了一个接地端，通过接地线与车体端墙接地端相连，能够保持相邻两车的电位一致，保证乘客的安全。

2. 贯通道的主要技术参数

贯通道的主要技术参数如表 2-2 所示。

表 2-2 贯通道的主要技术参数

名　称	数　据
端墙连接距离	520 mm
贯通道适应速度	80 km/h

续表

名称	数据
内部通过最小宽度	≥1 300 mm
内部通过最小高度	≥1 900 mm
踏板、渡板承载	≤9 人/m^2

2.3 城市轨道交通车辆设备布置

城市轨道交通车辆设备如图 2-13 所示。

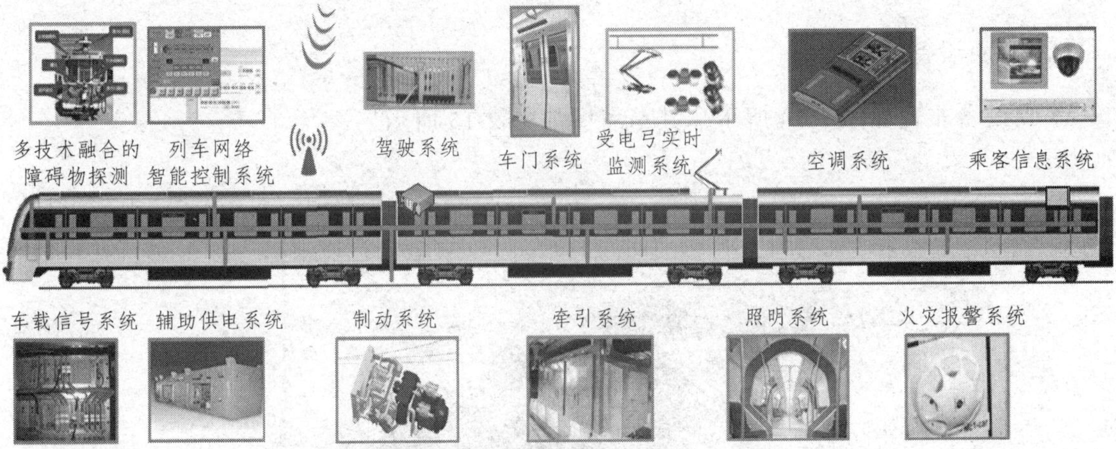

图 2-13 城市轨道交通车辆设备

2.3.1 车顶设备布置

1. 车辆设备布置原则

（1）重量分配均匀。

同一单元中，各车辆重量尽量接近，这样有利于牵引力和制动力的发挥，同时得到良好的列车运行平稳性。

同一车辆中，采用对称布置，使载荷分布均匀，避免偏载。

（2）安装和维修方便。

设备尽可能成模块组装，容易接近，可操作性强。

在运用过程中经常接触的设备，布置时留有足够的维护空间。

（3）安全可靠。

由于城市轨道交通车辆多为动力分散型车辆，设备及管线的布置要以乘客人身安全为量度，要有足够的防护措施，如不耐热的设备和器件应远离、隔离热源，高压电器设备及线路应做充分绝缘处理。

车辆的主电路、辅助电路、控制电路和信号电路应有可靠的保护，并且设有故障信号显示和故障设备的切除装置。

（4）经济。

设备布置时，充分利用空间，大截面的电缆或母线尽可能短，少迂回，风管、风道尽量短，以简化施工和节约材料。

（5）乘坐环境舒适。

车内设备要求不影响乘客的视觉角度和低噪声；特别是司机室车辆，要有一个安全操纵车辆的工作环境，有合适的作业空间，操作方便，易于观察仪器、仪表及信号，并远离噪声源。

（6）设备安装牢固。

设备安装牢固，应能承受一定的冲击力，并有足够的隔振、防松措施。

2. 车顶设备布置

车顶设备布置如图 2-14 所示，其示意图如图 2-15 所示。

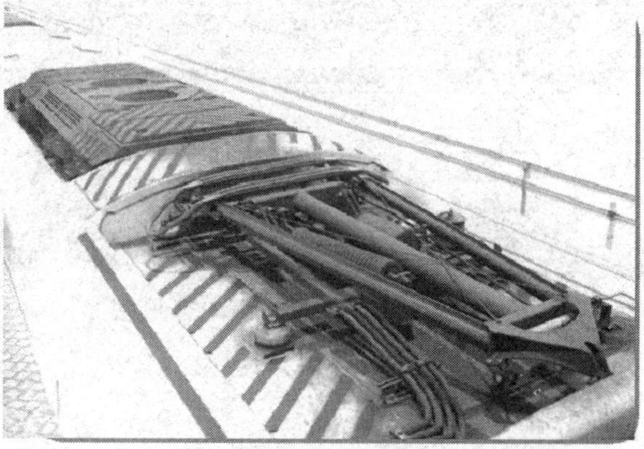

图 2-14　车顶设备布置

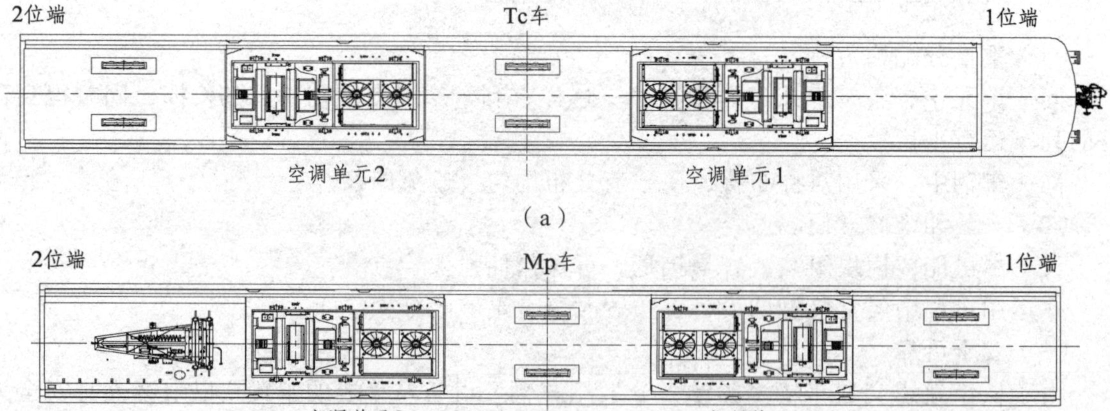

（b）

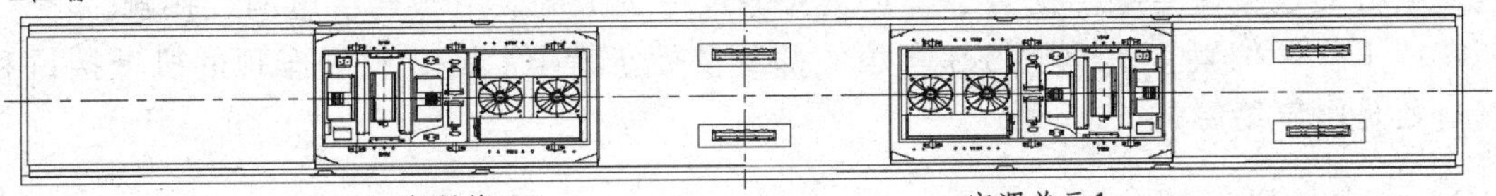

（c）

图 2-15　车顶设备布置示意图

1）空调机组

空调机组的结构形式为车顶单元式，安装在车顶 1/4、3/4 处，每节车安装 2 台。空调单元位于车顶，有利于空调的进、排气，减少通风机组对外吸入灰尘的可能。风管分布在车顶和车身两侧，便于对车厢排出制冷空气。

2）受电弓

每单元车的 Mp 车车顶前端装有一个高压受流设备——受电弓。1 500 V 直流电源由受电弓从接触网获得，电流通过受电弓上的终端流向位于车底的高速断路器。

3）排废气孔

每节车辆布置有 4 个排废气孔（也称自然通风器），依靠客室内的正压排气。

3. 车顶设备介绍

1）受电弓

（1）受电弓的外形如图 2-16 所示。

图 2-16　受电弓的外形

（2）受电弓的结构与功能。

受电弓为单臂式受电弓，由框架、气囊升弓装置和弓头等结构组成，具有占用车顶空间小、质量小、弓头归算质量小的特点。其中，弓头归算质量小有利于受流和适应更高的运行速度。

受电弓是一种通过空气回路控制升、降动作的铰接式机械构件。受电弓从接触网上集取电流，并将电流传送到车辆电气系统（高速断路器）。

受电弓通过支持绝缘子安装于车顶，并通过弓头上的碳滑板与供电网线接触。

在“工作”位置上，受电弓在车顶的部分都处于带电状态，仅在车顶的机械接口和气路接口处是电气绝缘的。

2）空调装置

（1）空调机组的外形如图 2-17 所示。

图 2-17　空调机组的外形

（2）空调机组的结构如图 2-18 所示。

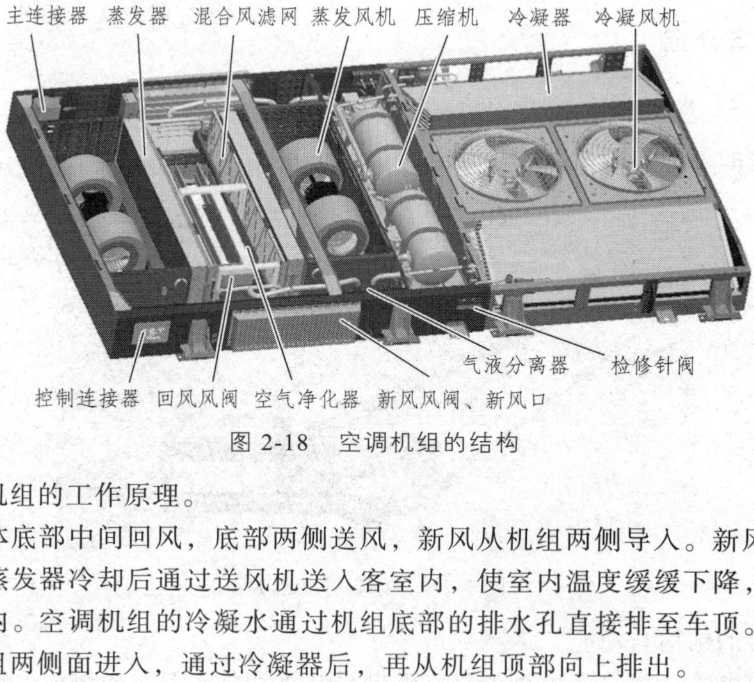

图 2-18　空调机组的结构

（3）空调机组的工作原理。

机组从箱体底部中间回风，底部两侧送风，新风从机组两侧导入。新风和回风在回风腔内混合，经蒸发器冷却后通过送风机送入客室内，使室内温度缓缓下降，并使其维持在较舒适的范围内。空调机组的冷凝水通过机组底部的排水孔直接排至车顶。空调机组的室外冷凝风从机组两侧面进入，通过冷凝器后，再从机组顶部向上排出。

2.3.2　司机室设备布置

司机室前端如图 2-19 所示。

图 2-19　司机室前端

1. 司机室外部设备布置

司机室外部设备如图 2-20 所示。

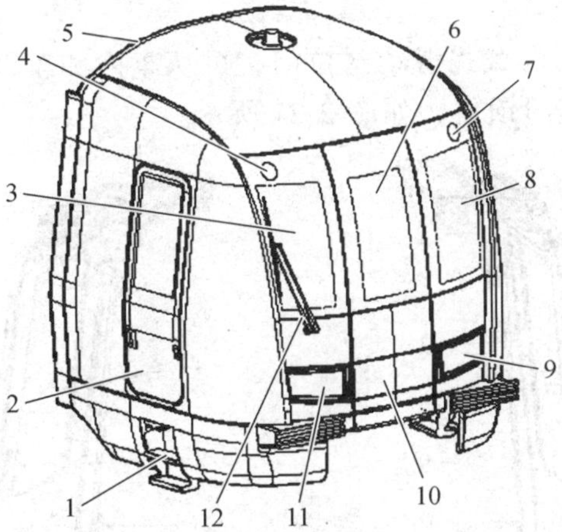

1—脚踏板；2—侧门；3—右侧前窗；4—右侧运行灯；5—隔墙；6—中间前窗；7—左侧运行灯；8—左侧前窗；9—左头灯；10—紧急疏散门；11—右头灯；12—刮雨器。

图 2-20　司机室外部设备

1）前窗玻璃

司机室前窗玻璃为整体式电加热安全玻璃，中间为电加热区域，加热时间为 10 min。前窗玻璃通过结构胶粘接在玻璃钢头罩上，安装后前窗玻璃和头罩在同一曲面上。

2）紧急疏散门

在司机室前部安装有一个紧急疏散装置，作为列车全体司乘人员和乘客的备用出口。紧急疏散装置包括一个门、斜坡、梯子和扶手，只能在司机室内部打开紧急疏散门。

3）刮雨器设备系统

刮雨器位于 Tc 车 1 位端。刮雨器总成安装在头罩上，控制盒、水箱、注水口和控制面板安装在司机室操作台上。

速度调整模式：快速、低速、间歇和停止 4 种。

刮雨器设备系统有喷淋系统，一个司机室的刮雨器用一套喷淋系统，其水箱容量不小于 5 L。

刮雨器主要是在雨天、雾霾等天气中刮洗前窗玻璃，在需要时，清除挡风玻璃上的雨水及其他遮挡物（昆虫、泥浆等），以获得清晰的视野，保证行车安全。

4）遮阳帘

前罩的挡风玻璃上配有一个手动遮阳帘。遮阳帘位于司机室挡风玻璃内侧、天花板与操纵台之间，宽度与挡风玻璃相当。

遮阳帘在列车运行时可保护司机免受过强阳光及对面列车灯光的直射。当遮阳帘处于未使用位置时，信号的能见度不受影响。

使用遮阳帘时，可通过操纵台上的遮阳帘控制按钮将遮阳帘下拉到期望高度。卷起遮阳帘时，可通过操纵台上的遮阳帘控制按钮将遮阳帘拉至最顶端位置。

5）司机室侧门

司机室侧门为手动单页内藏式滑动塞拉门，可从车内和车外锁闭车门，在车内可用旋钮锁，在车外可用钥匙将车门锁住，如图 2-21 所示。

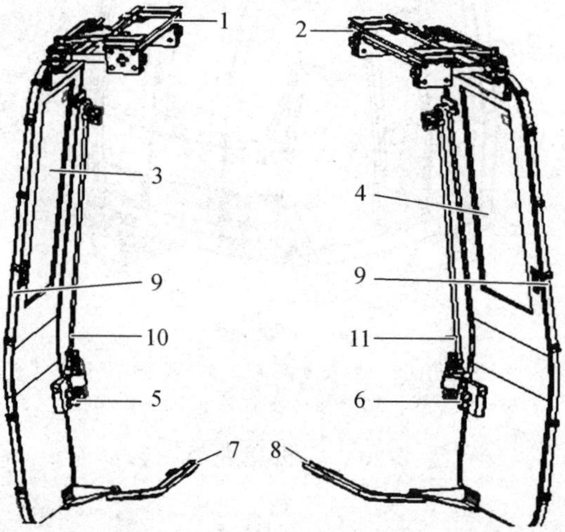

1—右侧机械装置；2—左侧机械装置；3—右侧门页组成；4—左侧门页组成；5—右侧锁装置；6—左侧锁装置；7—右侧底部导向装置；8—左侧底部导向装置；9—密封件组成；10—右侧立柱锁紧装置；11—左侧立柱锁紧装置。

图 2-21　司机室侧门

司机室侧门的设计必须能够保证司机的安全进出。司机室侧门可以将物理空间、热传递和噪声与外部隔开。

6）扶手

扶手由垂直、喷漆的碳钢管组成，并用柱头螺母将扶手安装到墙中。

安装位置：司机室内部，每边车门的两侧；客室内部，进入司机室的车门的两侧。

7）司机室前照灯与运行灯

前照灯和运行灯采用氙气灯、LED（发光二极管）模块等现代先进照明技术，具有光照性能高、功率低、远近光切换可靠、照射方向可调、维护方便等特点，如图 2-22 所示。

图 2-22　司机室前照灯与运行灯布置

前照灯由远光灯、近光灯和红色 LED 标志灯组成，安装于司机室前端外罩的两侧，在黎明或夜晚运行时为轨道照明。标志灯作为尾部照明并起警示作用。运行灯在黎明或夜晚运行时用于显示列车运行线路和方向。

2. 司机室内部设备布置

（1）司机室天花板位于司机室上方，侧墙位于司机室两侧。天花板组件遮盖着空调系统风道及乘客信息显示系统（PIS）的摄像头、扬声器、目的显示器、照明系统的顶棚灯、车顶的绝缘层和电线。侧墙遮盖车体骨架（见图 2-23），不装有任何电气设备。

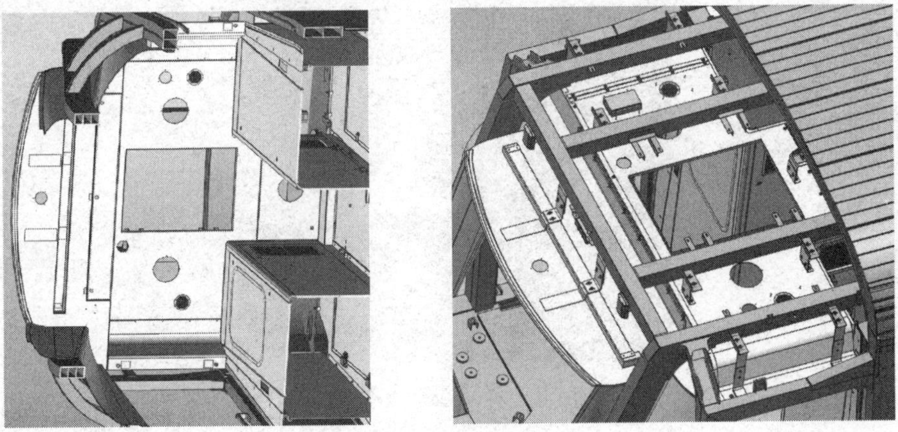

图 2-23　司机室骨架

（2）司机室内照明。司机室照明线路及控制独立于客室线路，由 DC 110 V 紧急直流电源列车线直接供电，并由司机室的开关控制照明灯与阅读灯。

司机室安装有 3 个顶棚灯、1 个阅读灯，如图 2-24 所示。阅读灯主要用于司机台照明。

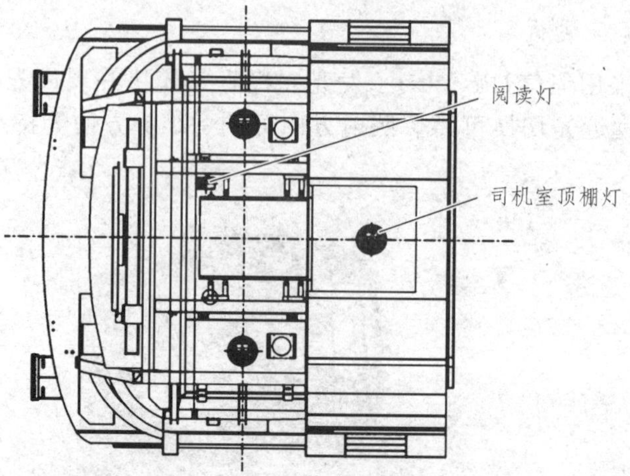

图 2-24　司机室顶棚灯和阅读灯

（3）司机驾驶台如图 2-25 所示。

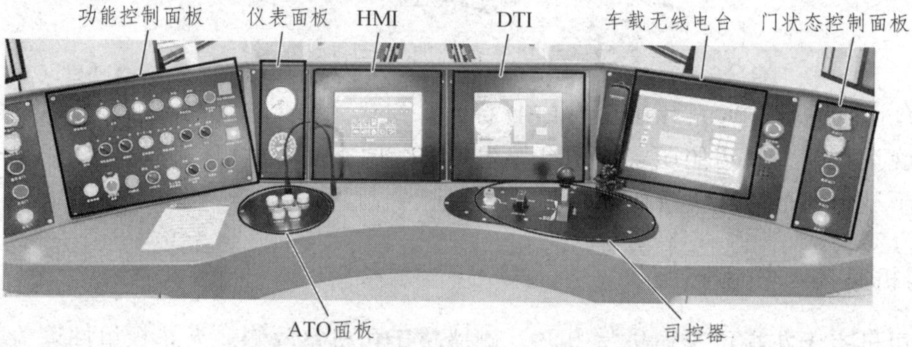

图 2-25　司机驾驶台

（4）消防设施与急救箱如图 2-26 所示。

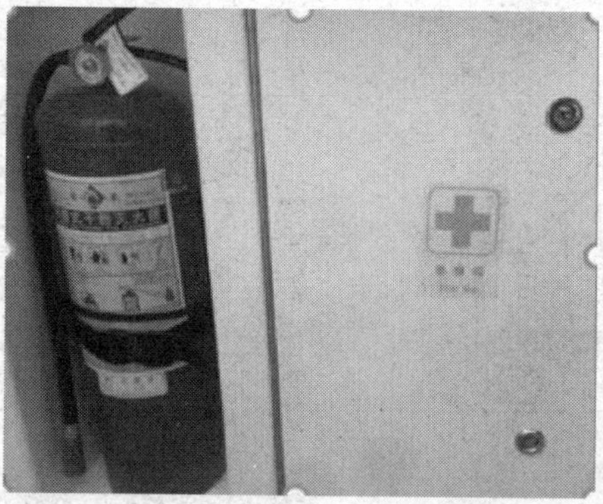

图 2-26　消防设施与急救箱

（5）司机室座椅如图 2-27 所示。

司机室座椅是按人体工程学原理设计的司机专用座椅，可根据司机的体重和身材进行调节。司机室座椅由坐垫、靠背、前后调整装置、升降调整装置、左右旋转装置、折叠滑座装置、固定座等组成，并用螺栓固定在底架上方的安装座上。

（6）间隔门和隔墙。司机室隔墙为铝蜂窝复合材料，上端通过螺栓安装在纵横梁上，下端通过螺栓安装在车体固定架上，靠车体一侧与门立柱罩插接，如图 2-28 所示。

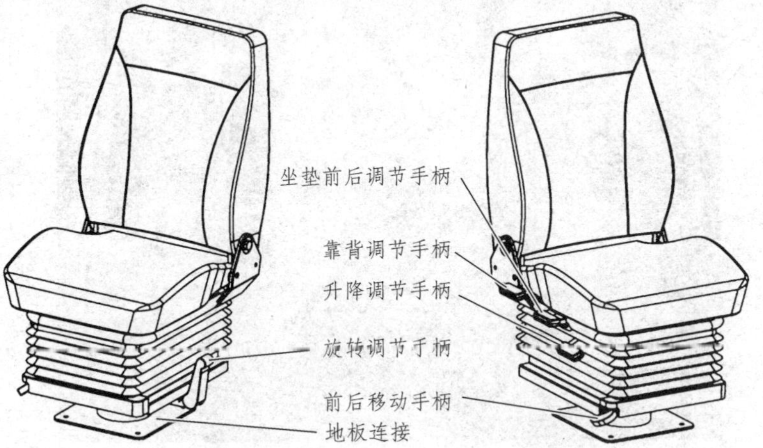

图 2-27　司机室座椅

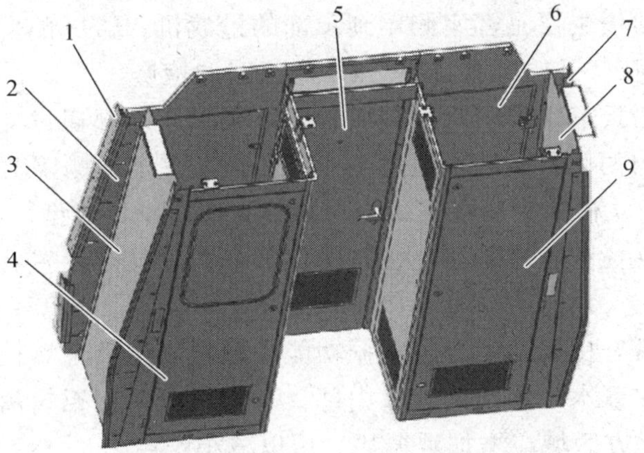

1—左插接型材；2—左隔墙；3—左门盒组装；4—左电气柜；5—隔门组成；6—右隔墙；
7—右插接型材；8—右门盒组装；9—右电气柜。

图 2-28　间隔门和隔墙

隔墙上布置有通道门，通道门上布置有回风用隔栅、门锁、铰链、门碰、把手、猫眼等。

司机侧电气柜为铝合金复合结构，大柜门采用铝蜂窝结构，柜体下端安装在车体固定架上，靠车体侧墙一侧安装在车体固定架和立柱上，靠司机室隔墙一侧安装在车体后端墙上。

电气柜上布置有门锁、铰链、隔栅，门锁采用 7 mm 方孔钥匙锁。

2.3.3　客室设备布置

客室是容纳乘客的场所，设备主要为乘客提供服务，设备布置应保证车内安全舒适，如图 2-29 所示。

（1）中顶板。中顶板是车辆内部顶板重要的装饰结构，为摄像头等提供安装接口。中顶板上布置有出风格栅。

图 2-29　客室设备

（2）侧顶板。侧顶板主要是客室侧墙到顶部的过渡机构，一侧采用铰链连接在纵横梁型材上，另一侧由锁固定，以方便门机构和车内线路的检修。

（3）侧墙板。侧墙板采用玻璃钢板制成；侧墙板上、下部通过支撑过渡安装到车体侧墙的 C 形槽上。在侧窗两侧，侧墙板通过工业搭扣粘贴在车体侧墙上。

（4）门立柱罩。门立柱罩为聚酯玻璃钢材料，为整体模具成型，通过插接与螺栓紧固，拆装简单、方便。门立柱罩上自带门立柱扶手。部分门立柱罩设置有紧急解锁或紧急对讲的安装接口。

（5）地板。地板具有良好的隔音、减振功能。地板周围及各螺栓、管道等穿过地板处满足车辆密封要求，保证水不渗漏到地板内部。车内地板采用铝蜂窝地板，使用弹性支撑固定。地板在转向架上方区域应增加减振垫，用以减小噪声。

地板布：橡胶地板布，厚度 3 mm，具有防滑、耐磨、抗撕裂、防火等特性。

（6）座椅。为了适应城市轨道交通的短途、大运量特点，客室座椅一般靠侧墙纵向布置在两侧车门之间。

客室纵向靠侧墙布置 6 个长座椅；座椅支架选用铝合金材料全焊接结构；椅面采用防滑不锈钢板，通过粘接固定在座椅支架上。支架通过不锈钢螺栓连接到车体侧墙 C 形槽上。

客室座椅强度：每个座位能承载 100 kg。

（7）客室侧窗。每辆车每侧布置 3 扇侧窗；侧窗玻璃尺寸为 1 400 mm×980 mm；侧窗采用双层中空安全玻璃。玻璃结构的厚度为 20 mm，从外到内玻璃层、空气层、玻璃层的厚度分别为 5 mm、11 mm、4 mm，外层为有色玻璃，外侧玻璃与车体侧墙外表面齐平；窗框为铝合金型材折弯结构。

（8）立柱扶手。每辆车沿车体中心线布置 7 根立柱，7 根立柱之间安装纵向扶手杆。在每个座椅两端安装有立柱。

（9）紧急通话器。

（10）警示标识。

（11）客室照明。

特点：光源采用 LED 冷光源，产品发光颜色柔和、不刺眼，具有良好的视觉效果，更兼有耐冲击、抗振动、免维护、使用寿命长等特点，是新型理想的节能产品；金属部件都经过雾银氧化等表面处理，具有良好的防锈功能，可保证产品在使用寿命周期内无锈蚀。

工作条件：在输入电压为 DC 52 ~ 56 V 时正常工作。

（12）空调通风格栅。

（13）客室灭火器。每个客室必须设置灭火器、安全锤等消防设施，并放置在规定的位置，如图 2-30 所示。如广州地铁 2 号线每辆车客室的长椅下面有两个灭火器，相应位置设有灭火器标识，另有一个灭火器在 A 车司机室副司机台下。

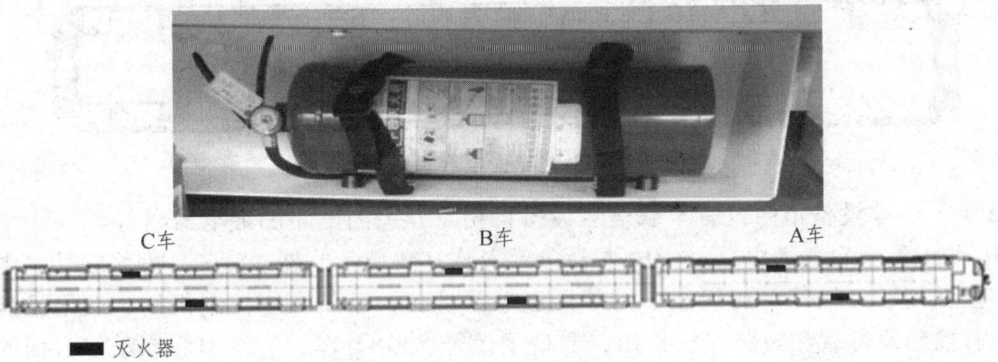

图 2-30　客室灭火器位置

（14）火灾报警系统。火灾报警系统由火灾报警控制器、温烟复合探测器及感烟探测器等设备组成。在客室侧顶板内布置感烟探测器，在车辆内部屏柜内布置温烟复合探测器。

当探测器探测到火情或者温度超过阈值后，通过电缆将信号传送给控制器，火灾报警控制器一方面启动本地信号灯进行光提示，另一方面将火警信息通过接口传送到列车控制单元。

（15）乘客信息系统包含动态地图显示屏、WDS（综合图文显示系统）显示屏、乘客紧急通话装置和客室扬声器。

（16）贯通道 LED 显示屏显示目的地、到站站名、下一站站名、开门侧（左或右）及其他宣传文字，在没有广播的情况下，持续滚动显示下一站到站、终点站等信息。

（17）综合图文显示系统（WDS）。

实时直播：播放来自地面 PIS 系统发送的音、视频信息。

录播：系统检测不到实时的信号源时，自动转入录播的方式，按已接收到的播放列表和节目内容自行组织播放。

（18）客室电气柜分布。

Tc 车 1 位端设置 2 个电器柜，2 位端设置 1 个电器柜。Mp 车 1 位端设置 2 个电器柜，2 位端设置 1 个升弓柜。M 车 1 位端设置 2 个电器柜。客室电器柜分布如图 2-31 所示。

Tc 车 1 位端右侧继电器柜用于布置安装微型断路器、按钮、旋钮、网压表、网络模块、中间继电器、时间继电器、接触器、司机室广播控制主机（ACSU）、客室广播控制主机（PACU）、二极管、端子排、连接器以及插座等低压电气设备。

Tc 车 2 位端低压箱内部主要安装一些低压电器，用于列车交流 380 V、直流 110 V 电源分配及负载保护。

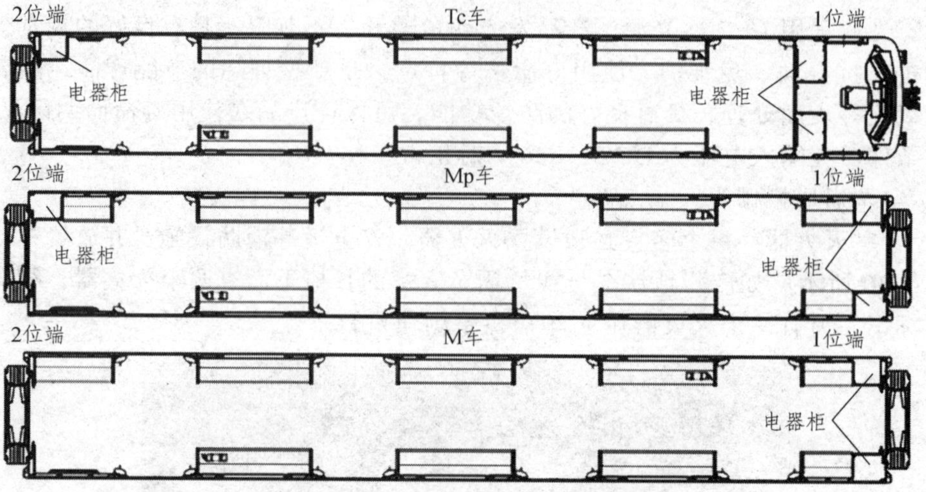

图 2-31　客室电器柜分布

Tc 车 1 位端设备柜内设有车载信号设备机箱及开关门电路的继电器盘等。

Mp 车 1 位端右侧继电器屏柜内主要布置安装有微型断路器、旋钮、网络模块、中间继电器、接触器、二极管、接线端子排等低压电器设备，以及客室控制机柜、网络硬盘录像机，具有控制及过载和短路保护作用，实现了信号、PIS、车门、牵引和制动等方面的逻辑功能。

Mp 车 1 位端左侧低压箱内部主要安装有一些低压电器，用于列车交流 380 V、直流 110 V 电源分配及负载保护。

Mp 车 2 位端升弓柜内主要安装有升弓电磁阀、15 L 升弓风缸、气液分离器、升弓转换阀、单向阀、压力表、脚踏泵等。

M 车 1 位端右侧继电器屏柜内主要安装有微型断路器、旋钮、网络模块、中间继电器、接触器、二极管、接线端子排等低压电器设备，以及客室控制机柜、网络硬盘录像机，具有控制及过载和短路保护作用，实现了信号、PIS、车门、牵引和制动等方面的逻辑功能。

M 车 2 位端左侧低压箱内部主要安装有一些低压电器,用于列车交流 380 V、直流 110 V 电源分配及负载保护。

2.3.4　车底设备布置

1. Tc 车车底设备布置

（1）电笛。

（2）轮缘润滑装置。轮缘润滑装置包括油箱、控制装置和喷射装置。它的作用是将油脂定时喷射到踏面，有效降低轮缘与轨道的磨耗。

（3）附加风缸。当车体位于正常高度时，空气弹簧中没有压缩空气进入或放出。当乘客进入车辆，由于载荷增加，车体便会下沉，使压缩空气从附加风缸进入空气弹簧气囊内。当乘客离开车辆，由于载荷减轻，车体便会上升，空气弹簧气囊和附加风缸之间的连接中断并排气。

附加风缸如图 2-32 所示。

图 2-32　附加风缸

（4）网关阀具有智能阀功能的同时，还具有制动管理功能及与列车控制系统的接口功能。

（5）风缸模块分别为主风缸、制动风缸和空气弹簧风缸。

（6）蓄电池箱。蓄电池为镍镉碱性中倍率蓄电池，如图 2-33 所示，型号为 FNC140MR2，标称电压为 1.2 V，电池容量为 140 A · h。蓄电池箱 1、2 内各有 40 个电池单元，作为列车 DC 110 V 供电系统的备用电源。

图 2-33　蓄电池箱

蓄电池的作用：为列车的紧急照明、整个通信系统、列车两端头尾灯、紧急通风、车门开启装置提供 110 V 直流电源，寿命为 15 年。

（7）辅助电源箱。辅助电源系统的运行独立于牵引系统，为保证辅助电源系统的高可用性及避免电压中断，设置采用列车 DC 1 500 V 辅助专用高压母线熔断器，通过高压辅助母线将列车的两台辅助电源输入端并行连接起来，如图 2-34 所示。

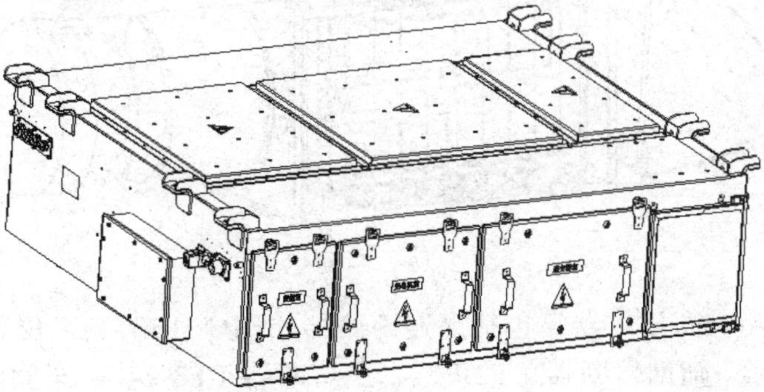

图 2-34　辅助电源箱

辅助电源系统主要由辅助电源（含逆变器、DC 110 V 充电机）、DC 24 V 电源（外置）、辅助高压电路组成。

辅助电源将直流电压（DC 1 500 V）逆变成三相交流电压（AC 380 V），为空调、空气压缩机、照明及控制电路等提供三相四线制的交流电压，并将交流电压（AC 380 V）通过蓄电池充电机变换成蓄电池与低压直流负载使用的 DC 110 V 电压，DC 24 V 则由 DC/DC 模块提供。

（8）紧急逆变器。当辅助逆变器失效时，紧急逆变器工作，向空调提供电源，提供三相交流电源供送风机工作，保证客室 45 min 的全新风供风。紧急逆变器如图 2-35 所示。

图 2-35　紧急逆变器

（9）智能阀向其控制的转向架提供常用制动、紧急制动和车轮防滑保护。

2. Mp 车车底设备布置

（1）牵引逆变器。将受电弓提供的 1 500 V 直流电逆变成交流电，并将其提供给牵引电动机。

（2）制动电阻。车辆在下坡或者其他需要减速的场合，车上的电动机停止从电网获取电能，电动机成为发电机，在发电的过程中电机会产生反力矩迫使列车减速，产生的电能在电网不能吸收的情况下由制动电阻转变为热能耗散。制动电阻工作时，电能转化成热能，由风机产生的流动空气将热量带走，如图 2-36 所示。

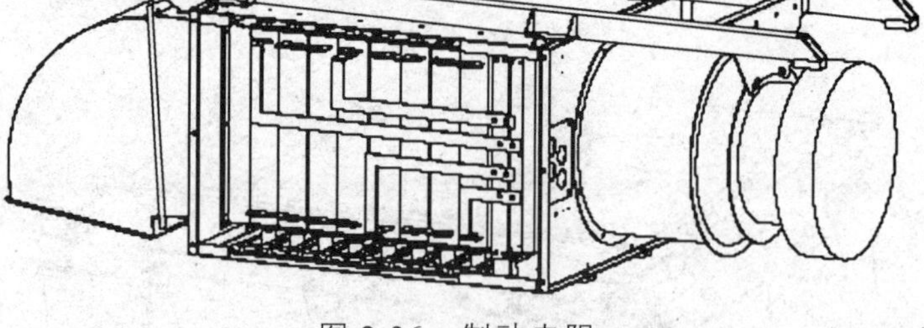

图 2-36　制动电阻

（3）高压电器箱。高压电器箱包括高速断路器（HB1/HB2）、三位置转换开关（BQS）、防反二极管（1D01）、辅助熔断器（F2/F1）、主熔断器（F3/F4）、车间电源插座（WXP）、控制继电器组件等，如图 2-37 所示。

图 2-37　高压电器箱

除以上设备外，Mp 车车底设备还包括半永久牵引杆、智能阀、附加风缸、风缸模块等。

3. M 车车底设备布置

M 车车底设备包括紧急逆变器、附加风缸、智能阀、网关阀、风缸模块、供风模块、牵引逆变器、制动电阻、支架等。

供风模块如图 2-38 所示。大气通过空气过滤器进入空气压缩机，压缩后经过空气干燥器单元、油过滤器，从而使压缩空气的温度及含油量满足使用要求。压缩空气经过主风管向所有气动设备供风。压力可由安装在司机室的双针压力表显示。

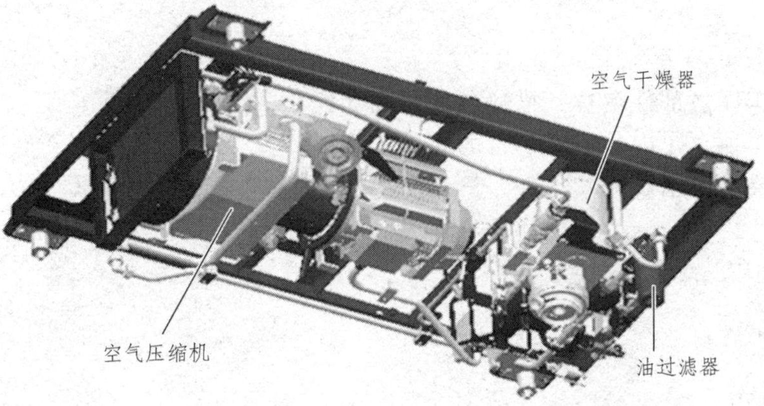

图 2-38　供风模块

4. 车钩缓冲装置

车钩缓冲装置的作用是连接车辆，并缓冲被连接车辆之间的振动。

一列车两个单元中，车钩的设置为：—Tc*Mp*M=M*Mp*Tc—。

5. 转向架

每台车的车底设置两台转向架，如图 2-39 所示。其作用是牵引、制动、承载、转向和缓冲振动。

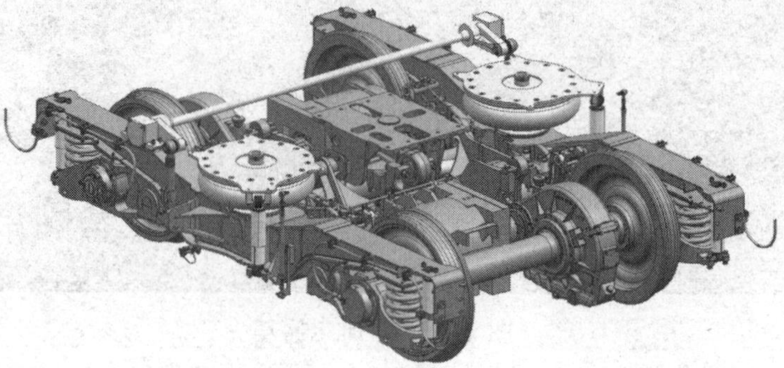

图 2-39　转向架

2.4　车体设备认知实训

1. 实训任务

手指、口呼，识别车体各设备。

2. 实训目标

（1）识别车体各部件名称，描述各部件的功能。
（2）画出车顶、车内与车底设备的布置示意图。
（3）根据要求，指认相应部件。

3. 实训准备

车体一台。

4. 实训过程

（1）实训：手指、口呼指认车体设备名称，并描述各部件功能。
（2）考核：根据题目，指认各部件。

扫一扫获取
本课题数字资源

课题3

城市轨道交通车辆车门

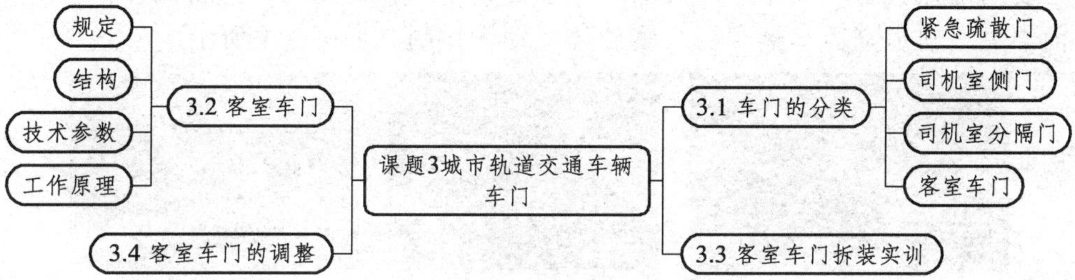

城市轨道交通车辆车门思维导图

3.1 车门的分类

1. 车门的特点

城市轨道交通由于站间距短，乘客上下车频繁、流动量大，使得城市轨道交通车辆车门有其自身的特点。简单地说就是车门要够宽、够多、够安全。

（1）车门要有足够的有效宽度。

（2）车门分布要均匀且数量充足，以方便乘客上下车。

（3）车门要确保乘客安全。

2. 车门的分类

1）按照驱动方式分类

（1）风动式车门。

风动式车门是以压缩空气驱动气缸，再通过机械传动系统和电气控制系统实现车门的开关动作。机械传动系统是将传动气缸活塞杆的运动传递到车门，使车门动作。电气控制系统用来保证车门动作的可靠和安全。

（2）电动式车门。

电动式车门是以电机驱动机械传动机构，再通过机械传动机构传递到车门，实现车门的开关动作。电动式车门由电机、传动装置、门控器、锁闭装置等组成。

2）按开启方式分类

分类的方法：根据门页外表面与车体外墙的位置关系进行分类。

（1）内藏式车门。

开关车门时，门翼在车辆侧墙的外墙与内护板之间的夹层内移动。

（2）外挂式车门。

开关车门时，门页和悬挂机构始终处于侧墙的外侧。

（3）塞拉式车门。

车门在开启状态时，门翼贴靠在侧墙的外侧。

车门在关闭状态时，门翼外表面与车体外墙成一平面，这样不仅车体美观，而且有利于减小运动时的空气阻力和车厢内的噪声。但是该车门结构复杂，造价高。

目前，城市轨道交通车辆车门大多使用电动塞拉门，如图 3-1 所示。

图 3-1　电动塞拉门

三种类型车门的比较如表 3-1 所示。

表 3-1　三种类型车门的比较

车门形式	内藏式	外挂式	塞拉式
运行性	可靠	较可靠	可靠
密封性	好	一般	好
运行阻力	大	大	小
清洗方便	不便	不便	方便

3）按用途分类

（1）紧急疏散门。

紧急疏散门是在紧急情况下用于疏散人员的车门，一般在车的两端。在紧急情况下，司机打开紧急疏散门，将安全疏散斜梯向前展开放到路基上，如图 3-2 所示。

图 3-2　紧急疏散门

（2）司机室侧门。

司机室侧门安装在司机室两侧，一般为一扇单页门，用于司机上下车辆，如图 3-3 所示。

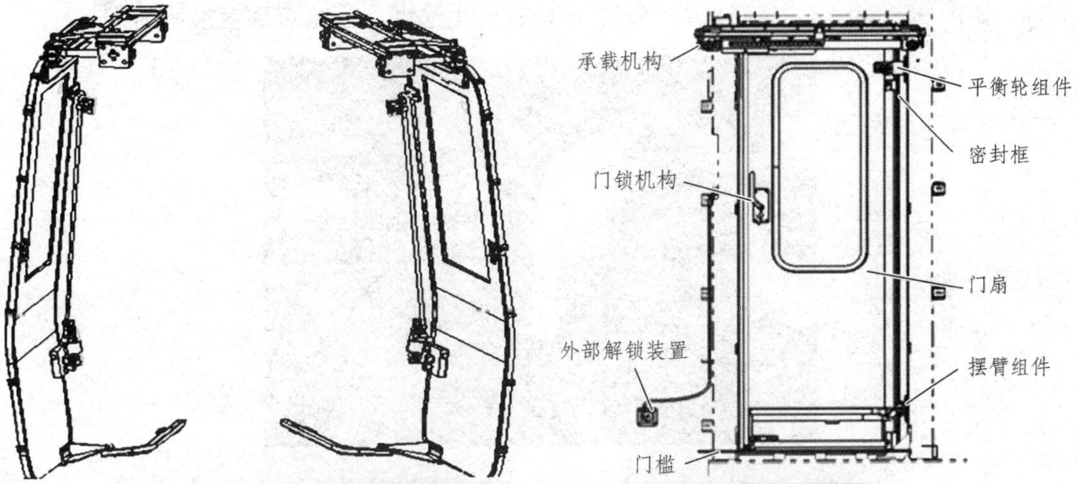

图 3-3　司机室侧门

（3）司机室分隔门。

在司机室背墙中间有一通往客室的通道门，供司机走入客室，如图 3-4 所示。它在客室一侧没有开门把手，乘客不能开启这扇门。

图 3-4　司机室分隔门

（4）客室车门。

客室车门是供乘客上下车用的。一般地铁 A 型车每侧装有 5 扇车门，B 型车每侧装有 4 扇车门，如图 3-5 所示。车门越多，乘客上下车速度越快，可缩短乘客换乘时间。

图 3-5　客室车门

3.2　客室车门

3.2.1　客室车门的相关规定

1. 客室车门的分布

以 B 型车为例，每个客室配置 8 个侧门，左右侧各 4 个车门，均匀分布。站在车辆的 2 位端朝 1 位端看，左手边为左侧车门，右手边为右侧车门。左侧车门编号为单数，分别为 1、3、5、7 门；右侧车门编号为双数，分别为 2、4、6、8 门。

一列 6 辆车编组，每辆车车门布置如图 3-6 所示。

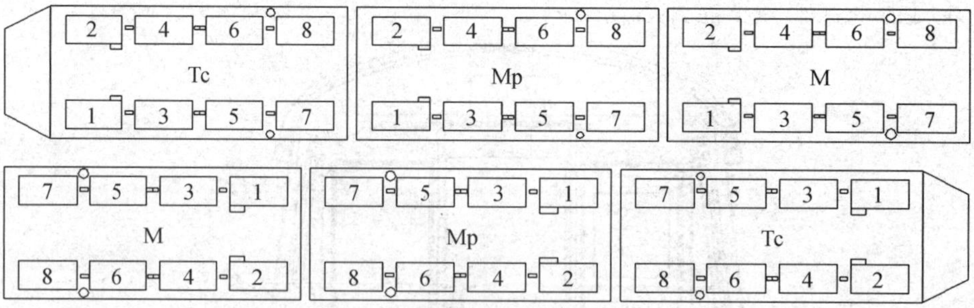

图 3-6　客室车门的布置

2. 客室车门的控制开关

司机室左右两侧墙板上，各有一组车门控制面板，方便司机站台作业时控制左右侧车门的开启和关闭。

在司机操纵台上设置有控制左右侧车门开启的控制按钮。

3. MMI 显示的车门图标

在司机室的 TMS-MMI 显示屏（人机界面）上，有一组车门图标，显示车门当前的工作状态。当车门关闭时，车门图标为蓝色；当车门打开或正在打开、正在关闭时，蓝色的车门图标闪烁；当车门发生故障时，图标显示红色；当车门紧急开门装置手柄被拉下时，图标显示黑色；当车门被切除时，图标显示黄色。

4. 车门指示灯

在每个客室侧门的上方均设有一个橙色指示灯和一个红色指示灯，如图 3-7 所示，显示状态如表 3-2 所示。

图 3-7　车门指示灯

表 3-2　车门指示灯显示状态

指示灯	红色指示灯	橙色指示灯
开门过程	灭	亮
已全开	灭	亮
关门过程	灭	闪烁
车门被解锁	灭	亮
已关闭	灭	灭
被切除	亮	灭

3.2.2　客室车门的结构

对于不同类型的车门，其组成结构略有不同，但主要结构大同小异。下面以康尼塞拉门为例介绍车门的结构与原理。

康尼塞拉门主要由接口部件、承载驱动机构、导向部件、平衡轮装置、门扇、锁闭及解锁装置、障碍检测系统、车门位置及状态检测装置等组成，如图 3-8 所示。

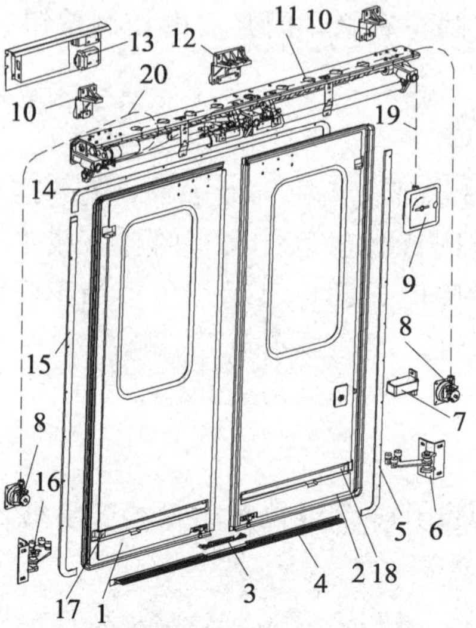

1—左门扇；2—右门扇；3—嵌块；4—门槛；5—右侧压条；6—摆臂组件（右）；7—隔离开关组件；8—外操作装置；9—内操作装置；10—安装架（两侧）；11—机构；12—安装架（中）；13—电子门控单元（EDCU）部件；14—上压条；15—左侧压条；16—摆臂组件（左）；17—下滑道（左）；18—下滑道（右）；19—内操作钢丝绳组件；20—外操作钢丝绳组件。

图 3-8　塞拉门结构

1. 接口部件

接口部件是车门系统与车体连接的机械过渡部件。该部件包括安装架（3 个）、上压条、左右侧压条和嵌块、门槛，如表 3-3 所示。其中安装架用于顶部机构与车体之间的连接；上压条、左右侧压条与门扇的周边通过胶条配合，保证门扇的防水密封性。

表 3-3　接口部件

接口部件	图　例
● 安装架 ➢ 共有 3 个； ➢ 用于机架与车体之间的连接	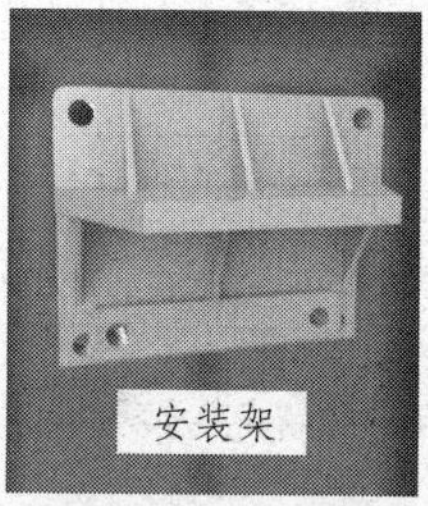
● 压条 ➢ 客室车门的门框上装有上、左、右压条； ➢ 在车门关闭的情况下，压条与门扇的周边通过胶条配合，以保证门扇的防水密封性	

续表

接口部件	图　例
● 门槛和嵌块 ➢ 门槛安装在车体上，在门槛上安装有嵌块； ➢ 嵌块用于与安装在门扇上的挡销配合，以实现关着的门的挠度要求。挡销装置最大程度减小门扇的变形，阻止门页在外力作用下向下跳动	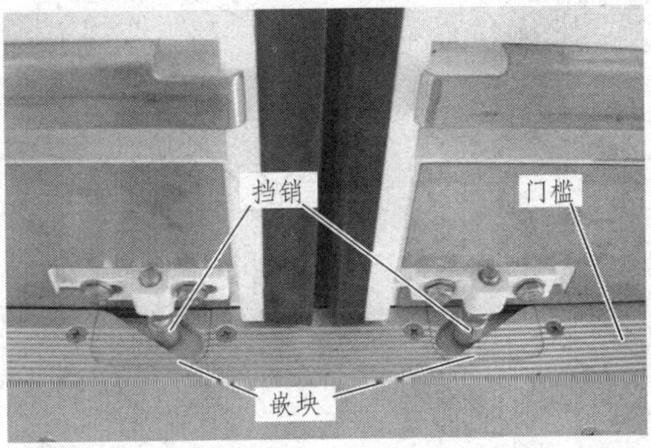

2. 承载驱动机构

承载驱动机构是车门的核心机构，包括承载机构和驱动机构两部分。它由基架、驱动部件、丝杆、长导柱、短导柱、携门架、LS 型锁闭装置、中间解锁装置和各行程开关组成。

1）承载机构

承载机构如图 3-9 所示。

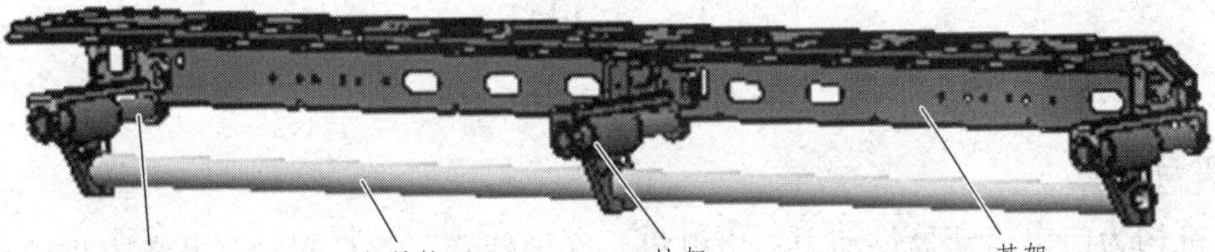

图 3-9　承载机构

基架直接与安装架连接，被固定安装在车体上。其作用是为承载驱动机构其他部件的安装提供基础。

长导柱安装在 3 个挂架上，3 个挂架分别在 3 根短导柱上移动，3 根短导柱通过整个机构的基架安装在车体结构上。

长导柱为门的纵向移动提供自由度，并保证在开/关门过程中门板与车体平行。短导柱承受门板的重量，并为门提供横向移动自由度。

携门架通过滚珠直线轴承在长导柱上滑动，如图 3-10 所示。它可将力从机构传送到门扇，也可将力从门扇传送到机构。携门架通过螺钉牢牢地安装在门扇上，如图 3-11 所示，所以携门架将门扇的所有重量和动力传送给长导柱。

在携门架与门板连接处，提供了一个偏心调节装置（图 3-10 中的偏心轮 1），该装置用来调节门扇的“V”形。在携门架内部，还提供了一个偏心调节装置（图 3-10 中的偏心轮 2），该装置用来调节门扇与车体之间的平行度。

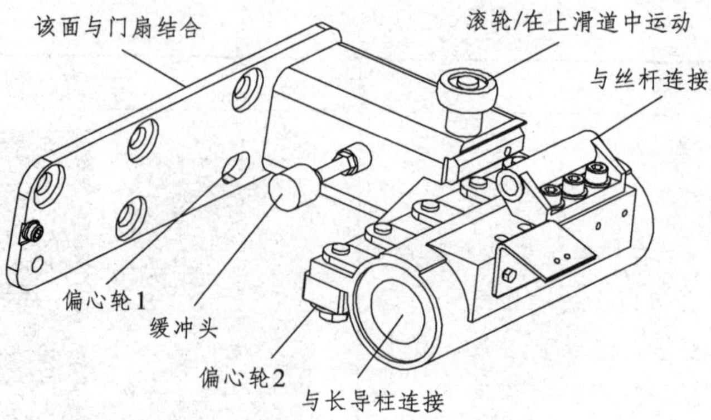

图 3-10　携门架

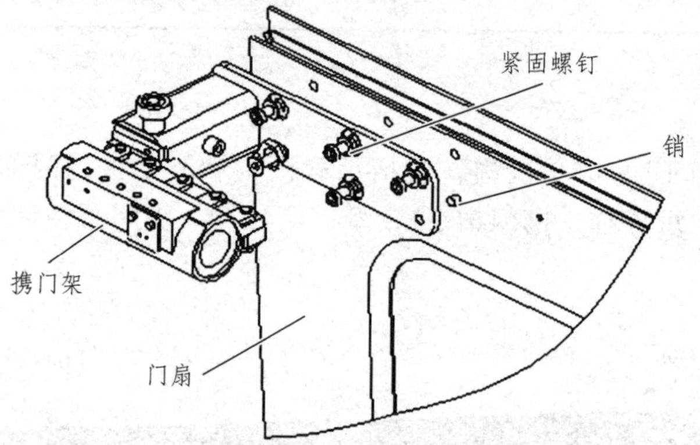

图 3-11　携门架的安装

2）驱动机构

驱动机构为门扇运动提供动力，由电机、联轴装置、丝杆螺母副及各支撑组成，如图 3-12 所示。携门架通过铰链机构与螺母相连接。

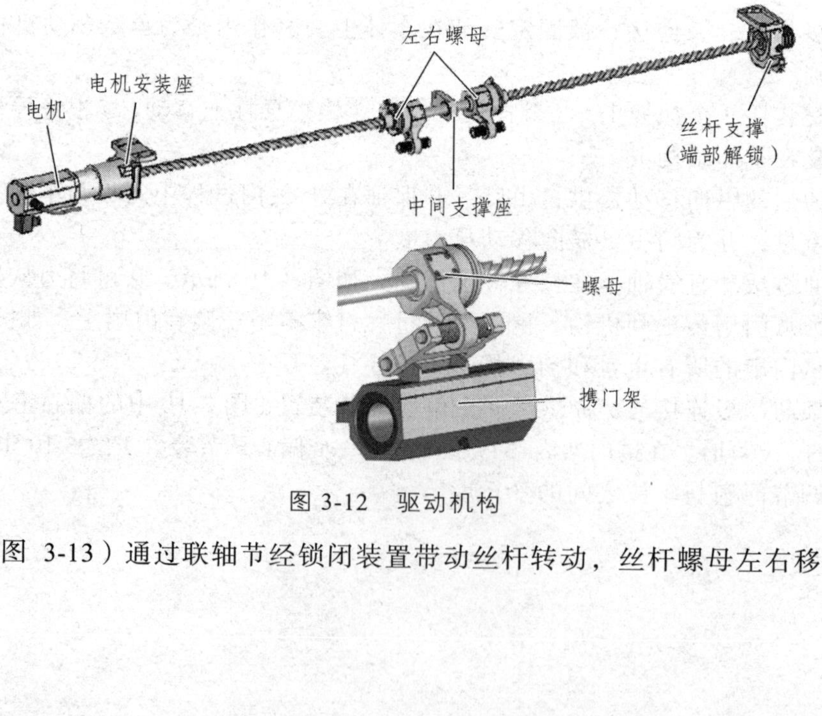

图 3-12　驱动机构

电机（见图 3-13）通过联轴节经锁闭装置带动丝杆转动，丝杆螺母左右移动（对于双页门，丝杆一半是右旋的，一半是左旋的），螺母通过传动架经套筒带动携门架运动。携门架与门扇相连，门扇随其运动。

图 3-13　电机

3. 导向部件

运动导向装置包括上滑道、上滑道滚轮（携门架滚轮）、下滑道和摆臂组件。通过滑道（呈一定的形状，实现相关的横向和纵向运动），门扇可以实现沿设定的轨迹运动。

（1）上滑道与携门架滚轮安装在驱动承载机构上；携门架有一滚轮在上滑道里运动，对车门运动起到支撑和导向作用，如图 3-14 所示。

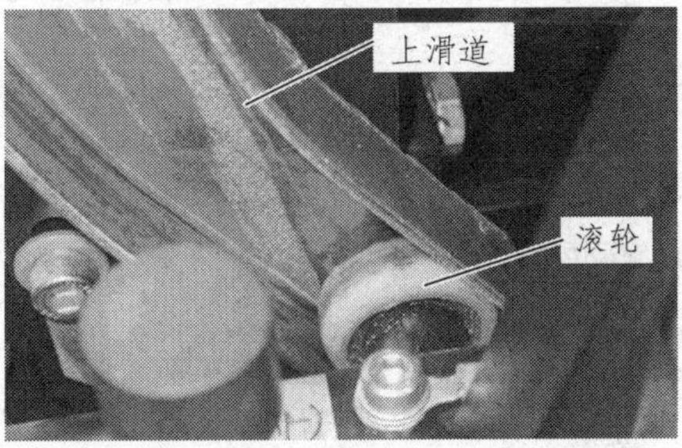

图 3-14　上滑道与携门架滚轮

（2）下滑道与滚轮摆臂。

在每扇门页的底部安装有一个不锈钢滑道。滑道与安装在下摆臂组件的滚轮啮合，以实现每扇门页底部的导向运动，如图 3-15 所示。

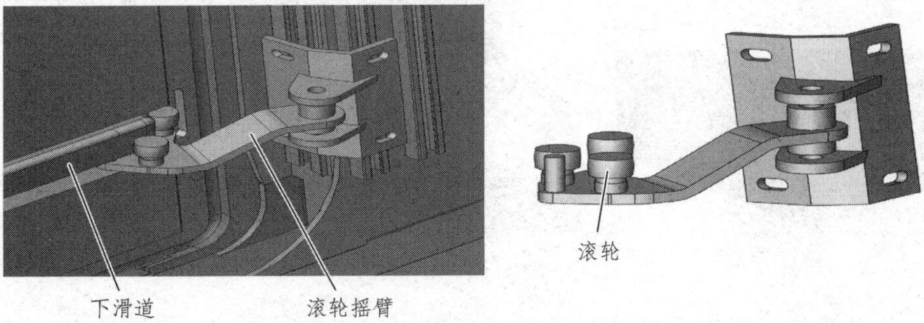

图 3-15　下滑道与滚轮摆臂

该导向部件仅承受横向力，不承受纵向力和垂向力，对车门运动起到支撑和导向作用。下摆臂包含摆臂、滚轮、插销、挡卡、平垫圈、安装座等。

4. 平衡轮装置

门页的平面跳动是指列车运行时，门页在外力的作用下沿着车体纵向、横向、垂向的位置变化。平衡轮组件、下挡销、下摆臂滚轮和上滑道是保证列车运行中门页不发生平面跳动的定位装置，如表 3-4 所示。

表 3-4　平衡轮装置

平衡轮组件	图　例
➢ 平衡轮装置安装在门立柱上，与门页上部后沿平台在关门位置啮合； ➢ 平衡轮（压轮）组件主要由压轮（滚轮）、平衡轮轴、安装座组成； ➢ 防止由于任何可能的垂直向上力使门页偏移	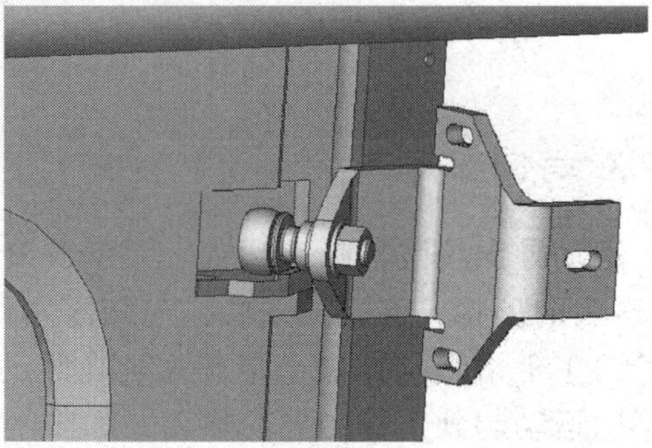

5. 门　板

门板为铝蜂窝复合结构，包括铝框架、铝蒙板和铝蜂窝芯，并采用热固化。为加强机械强度，铝蒙板的周边都包在铝框架上，如图 3-16 所示。

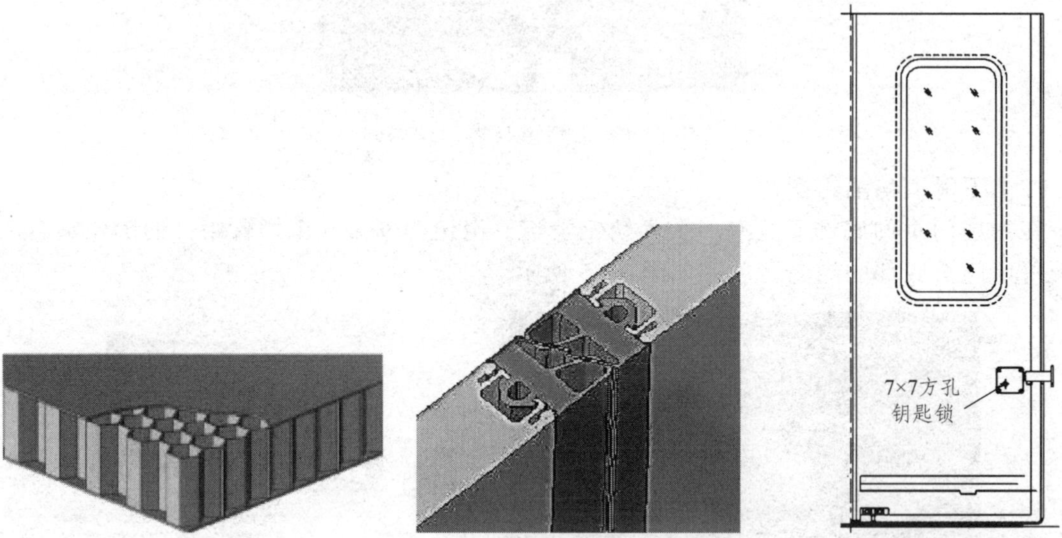

图 3-16　门板

除了一些必要的、用于支撑门板和实现门板导向运动的部件外，门板内表面是平的。窗玻璃粘接到门板上并与门板的外表面齐平。门板周边装有胶条，以实现车门的周边密封。门板前沿装有一个特殊的中空胶条，以防夹住障碍物。

在每扇门板的前沿下部，装有一个附加的挡销，该挡销与门槛上的挡块啮合，以实现车门的挠度要求。

在门板上部设有固定式双层中空安全玻璃，采用粘贴结构，外侧玻璃与门板表面齐平。车门窗玻璃与客室侧窗玻璃相同。

6. 门的锁闭与内外解锁装置

1）门的锁闭

门系统的锁闭原理类似于千斤顶的自锁结构，在丝杆中部（关门端）设计有变导程结构，其导程由普通导程逐渐变化到 0 导程。螺母上有与之配合工作的滚动销，销在丝杆的沟槽中滚动，当销处于普通导程沟槽中时，丝杆螺母副承担常规丝杆结构的传动作用；当销处于 0 导程沟槽中时，由于自锁作用，丝杆螺母承担着对门的锁定作用，如图 3-17 所示。

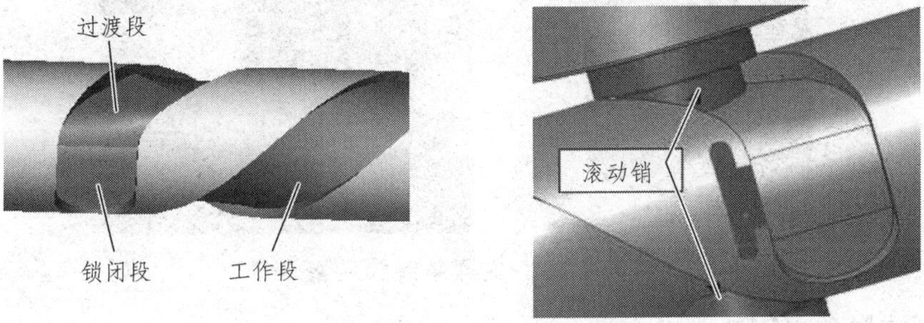

图 3-17　门系统的锁闭原理

门系统正常工作时，电机带动丝杆双向自由旋转，实现门系统的自动开关。

门系统的锁闭原理是制动器允许电机双向自由旋转，而限制丝杆往开门方向旋转。

2）解锁支架

制动器还设置了一个解锁开关。在无电或紧急情况下，操作该解锁支架可解除制动器对丝杆的单向限定作用，可手动开门，如图 3-18 所示。

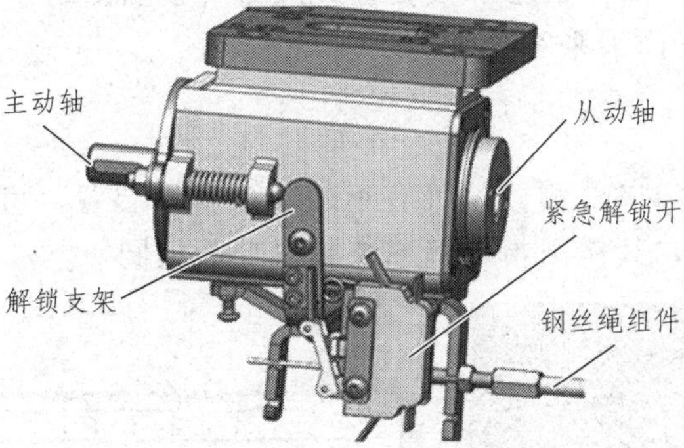

图 3-18　解锁支架

3）内紧急解锁装置

为了能够在紧急情况下解锁并打开车门，在内侧墙上装有一把手柄，如图 3-19 所示。操作该手柄，将会：

● 启动一个电动限位开关，并发出“紧急操作”信号；

● 通过牵拉绳索，制动器被释放；

● 如果车辆处于静止状态，可以手动开门；

● 如果车辆处于运动状态，电机将作用于关门方向 300 N，可持续 5 min 的隔离力，以阻止门被打开。

紧急手柄可复位。在紧急手柄复位后，车门的开关回到正常操作状态。

图 3-19　内紧急解锁装置

下拉手柄式紧急出口装置操作方法：

（1）通过钢丝绳与端部解锁装置连接；

（2）打碎透明罩板，下拉操作手柄解锁；

（3）通过方孔钥匙操作四方轴，打开盖板，下拉操作手柄；

（4）手动向上收起手柄复位；

（5）若列车在零速时操作紧急解锁装置，乘客可以手动打开车门，在列车起动前必须复位操作装置，紧急解锁装置复位后车门将自动关闭；

（6）若列车在非零速时操作紧急解锁装置，此时若手动开门，则开门力不小于 300 N，并可持续 5 min，以防止车门被乘客拉开。

4）外紧急解锁装置

在每辆车的中间两个门口外侧，设置有车外紧急解锁装置，可用四方钥匙操作，如图 3-20 所示。该装置被激活，其作用与内解锁装置的功能相同。

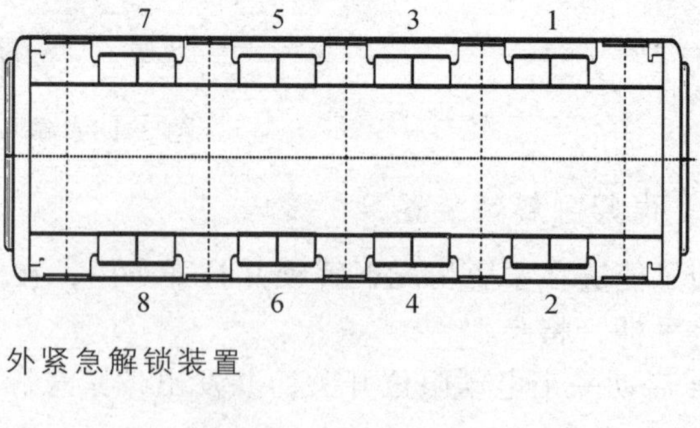

图 3-20　外紧急解锁装置

其作用是，当车门发生故障无法使用时，可以通过车门的控制系统实现电隔离。

在每套车门系统的右门扇（从内往外看）上装有一把退出服务锁，以实现车门的机械隔离，如图 3-21 所示。可以手动将车门移至关闭且锁紧的位置（万一失败了，可从内侧或外侧用乘务员钥匙实现隔离）。

在车门隔离状态下，EDCU（门控单元）不再接收系统指令，车门安全线被旁通。车门故障也不会造成牵引系统的连锁；车门隔离后车门被机械锁定，即便通过内操作装置来解锁车门也不会打开。

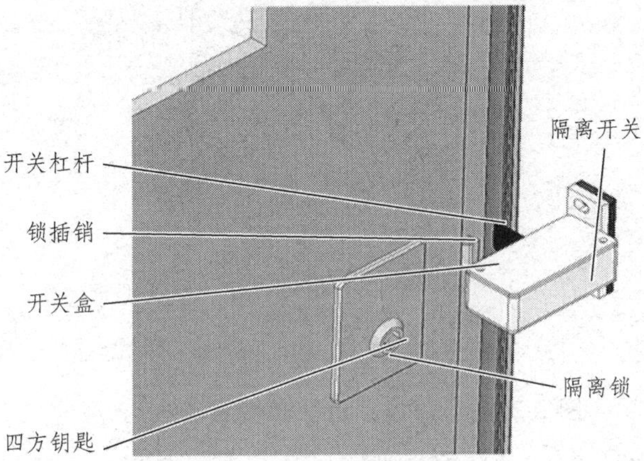

图 3-21　隔离锁

7. 障碍检测系统

其功能由门控器通过监控电机的电流来实现。每次关门过程中电机正常关门电流曲线被存储并自动调整；如果电机的实际电流超过额定值，障碍检测被激活。

该检测系统与前沿胶条一起，可以检测出 30 mm×60 mm 的障碍物，如图 3-22 所示。

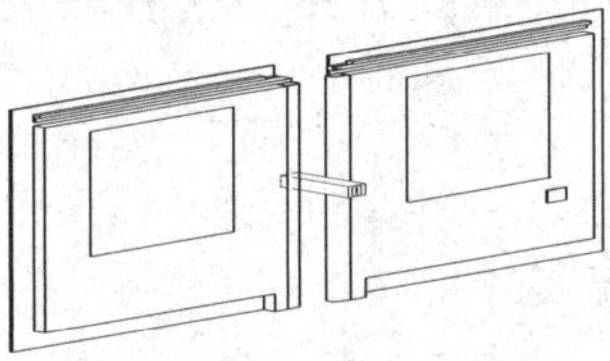

图 3-22　障碍检测

如果关门时碰到障碍物，最大关门力（≤150 N）最多持续 0.5 s，然后车门可以重新打开一段距离（约 200 mm，可调节），停止 2 s，再重新关闭。如果障碍物一直存在，该循环将重复 3 次（循环次数可调），之后车门将处于并保持在全开位置，等待工作人员进行处理。

8. 车门位置及状态检测装置

康尼车门系统设置了 3 个行程开关 S1、S2、S3，用于检测车门的位置，从而确定车门的状态，如图 3-23 所示。每个行程开关内部均有一对常开和常闭触头，其作用如下。

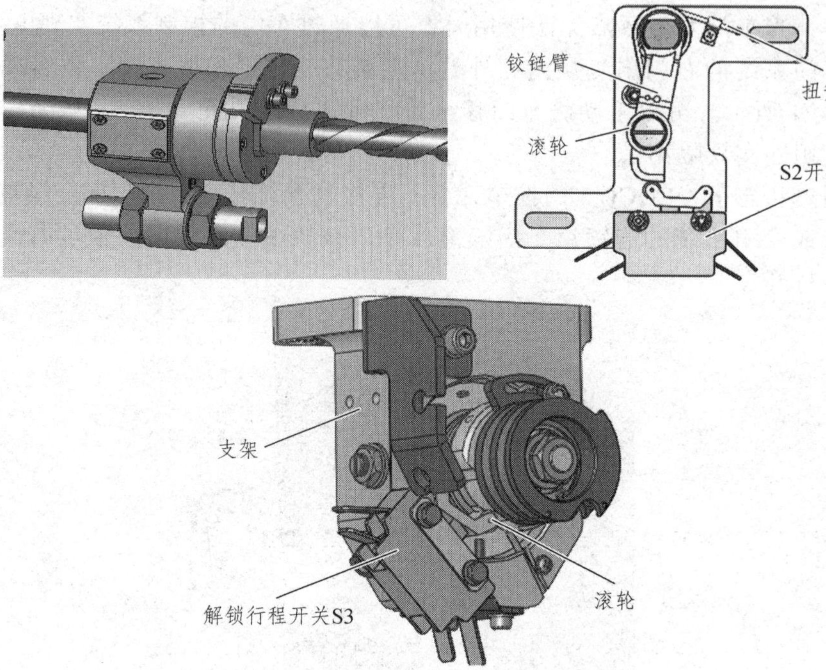

图 3-23　车门位置及状态检测装置

S1：门关到位行程开关。车门关闭时，常开触头闭合，车门安全线导通，同时向 EDCU 反馈车门状态信息——车门关闭。车门开启时，常闭触头断开，开门安全线导通，牵引系统被封锁，同时向 EDCU 反馈车门状态信息——车门开启。

S2：车门隔离行程开关。正常状态下，常闭触头闭合，车门安全线导通，车门控制正常。隔离状态下，常闭触头断开，常开触头闭合，S1/S3 安全环路旁通，车门隔离后，红色指示灯常亮，门被机械锁住。

S3：解锁行程开关。正常状态下，常闭触头闭合，车门安全线导通，车门控制正常。车门解锁后，常闭触头断开，车门安全线开路，常开触头闭合，向 EDCU 反馈车门状态信息——车门解锁。

3.2.3　车门的技术参数

车门的技术参数如表 3-5 所示。

表 3-5　车门的技术参数

水平通过尺寸（宽度）/mm	1 300±4
垂直通过尺寸（高度）/mm	1 860±10
车门全开时所占的空间/mm	2 872
开关门延时时间/s	0 ~ 4.0（可调）
额定开关门时间/s	3±0.5
开关门时间调整范围/s	2.5 ~ 4.0

续表

环境温度/°C	−2.1 ~ +40.4
供电电压/V	DC 110（DC 77 ~ 137.5）
质量/kg	≤170
列车最高速度/（km/h）	80
平均技术速度/（km/h）	35
最大挤压力	150 N 有效力，最大 300 N 峰值力
探测最小障碍物/mm	30×60（宽×高）
开关门噪声级别/dB（A）	≤75
隔热性能 K/[W/（m^2·K）]	<4.6
相对湿度	最大 100%

3.2.4 车门的工作原理

电子门控器接收信号：每个客室车门配置有一个电子门控器。根据列车控制信号（开门列车线、关门列车线、零速列车线）门驱动机构上元件（关到位开关、锁到位开关、隔离开关、紧急解锁开关）发出的信号，电子门控器控制车门的开启和关闭。其工作原理示意如图 3-24 所示。

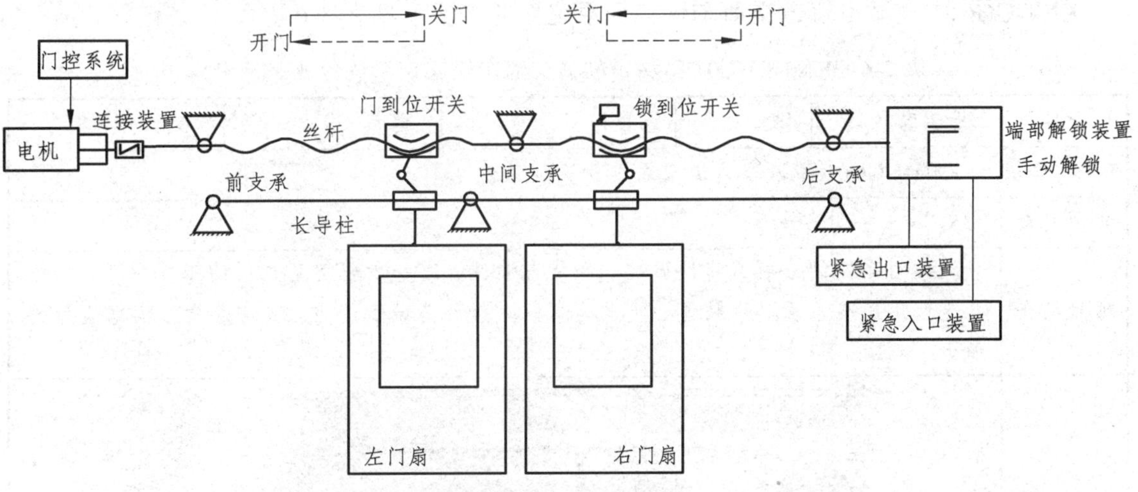

图 3-24　车门的工作原理示意

电子门控器输出电信号驱动门扇运动：当车门 EDCU 接收到开关门信号时，EDCU 会输出电信号驱动电机（电机内含位置传感器，用以检测车门的位置）往开关门方向工作，电机通过连接装置把电力传递给丝杆，丝杆运动将会带动与之啮合的螺母运动，螺母通过携门架与门页连接，从而带动门页同步运动。

通过上下滑道的导向作用实现塞拉：携门架与门扇在长导柱上纵向移动，开关门；携门架与门扇在短导柱上横向移动，前后塞拉。

3.3 客室车门拆装实训

1. 实训任务

分解、组装与调试康尼电动塞拉门。

2. 实训目标

（1）认知塞拉门各部件的结构；
（2）分解、组装与调试康尼电动塞拉门；
（3）系统调试。

3. 实训准备

KNT-CGC01 型城市轨道交通车辆实训系统。

4. 实训过程

（1）实训：分解、组装与调试康尼电动塞拉门；
（2）考核：分解、组装与调试康尼电动塞拉门。
KNT-CGC01 型城市轨道交通车辆实训系统作业工艺卡见表 3-6。

表 3-6　KNT-CGC01 型城市轨道交通车辆实训系统作业工艺卡

作业性质	拆装塞拉门	作业项目	塞拉门拆装与调试	编写		版本	
条件、设备	KNT-CGC01 型城市轨道交通车辆实训系统						
实训人数	5～6 人一组						
项目简介	通过对车门的分解，部件识别、组装与调试，进一步理解塞拉门的工作原理。训练学生使用工具与量具的技能，使学生掌握一般设备调试的方法；培养学生团结合作的能力						
实训系统							

续表

工作原理	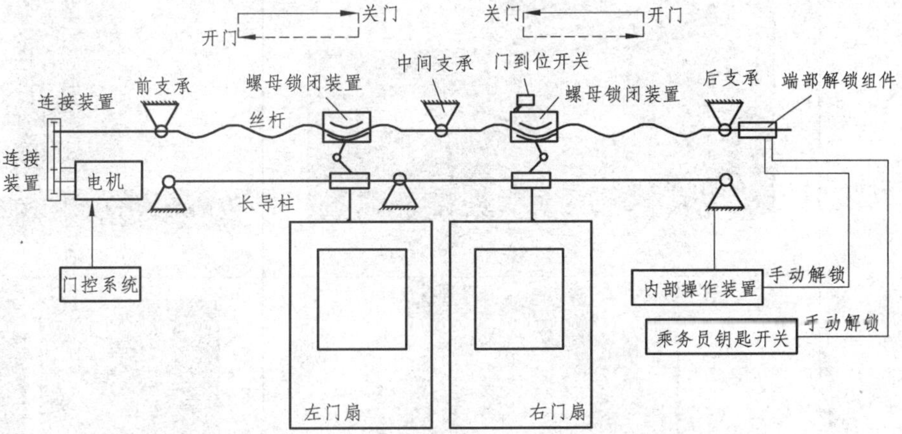
工具、计量工器具	开口扳手或套筒（10、13、14、24、27、30 mm）、内六角扳手、螺丝刀、塞尺、直尺、卷尺、开口钳、闭口钳、尖嘴钳、专用丝杆螺母扳手、解锁钥匙 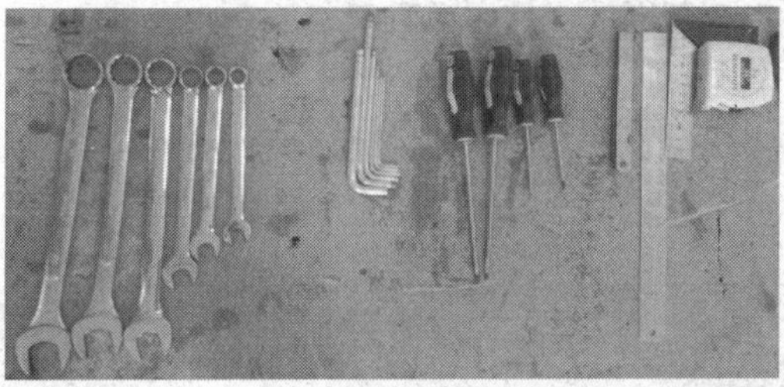 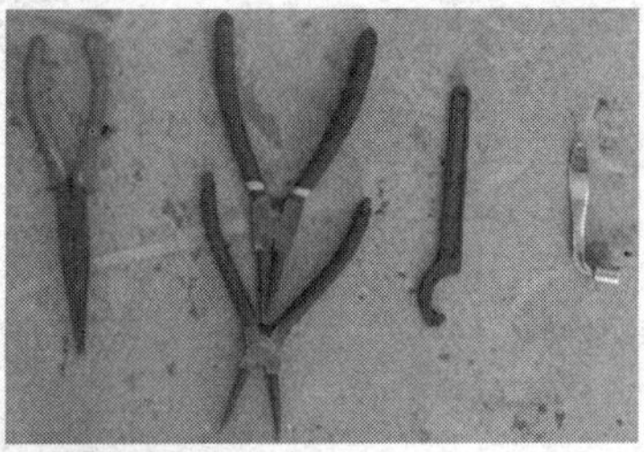
识别车门拆卸后的零部件	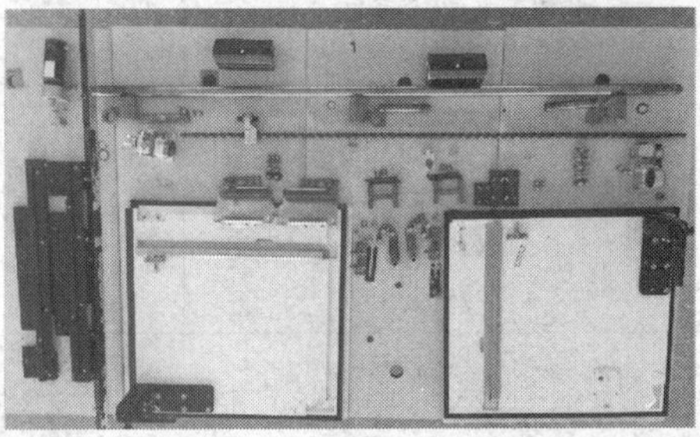
部件识别	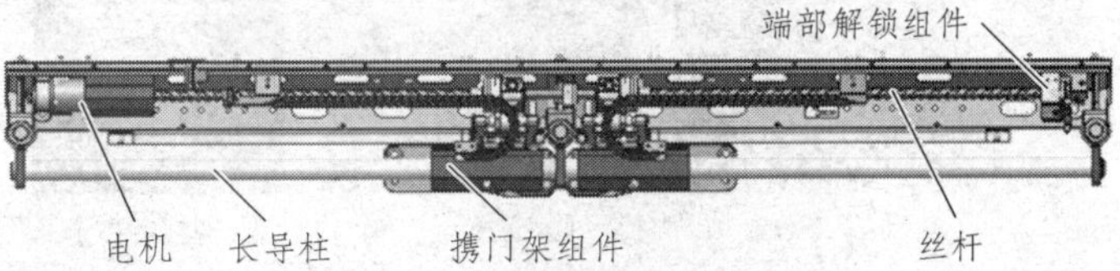
	 电机、安装座  全程锁闭装置 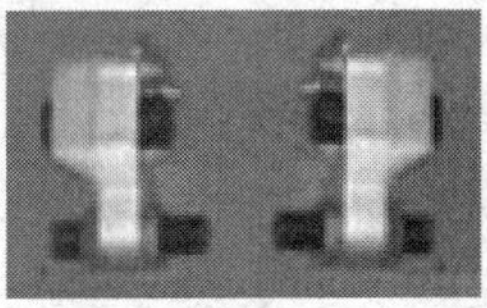 丝杆螺母

续表

<table>
<tr><td rowspan="6">部件识别</td><td colspan="6">
外解锁装置</td><td colspan="6">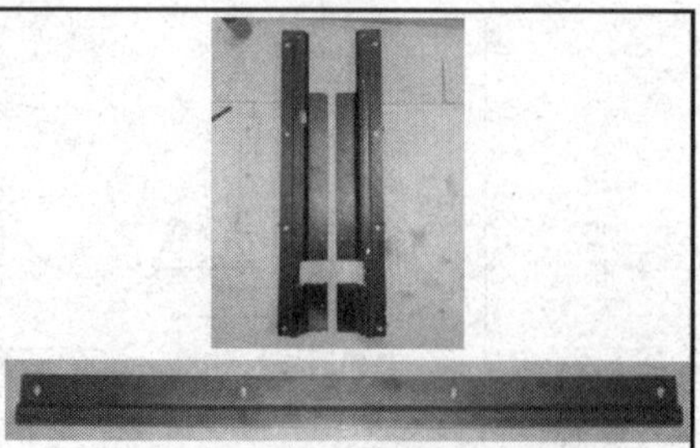
左、右、上压条</td></tr>
<tr><td colspan="6">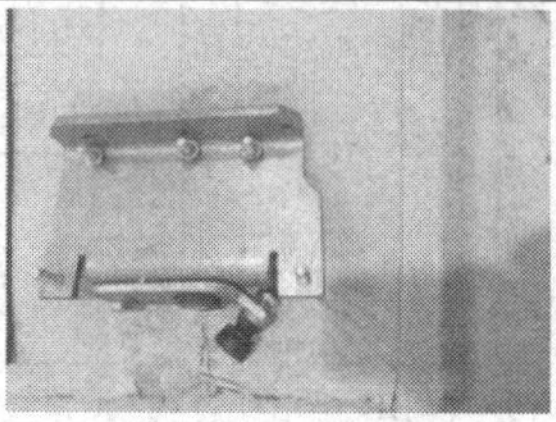
平衡轮组件</td><td colspan="6">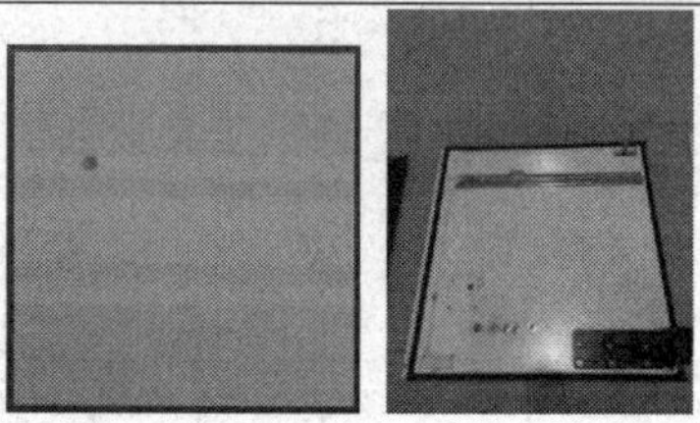
门页</td></tr>
<tr><td colspan="12">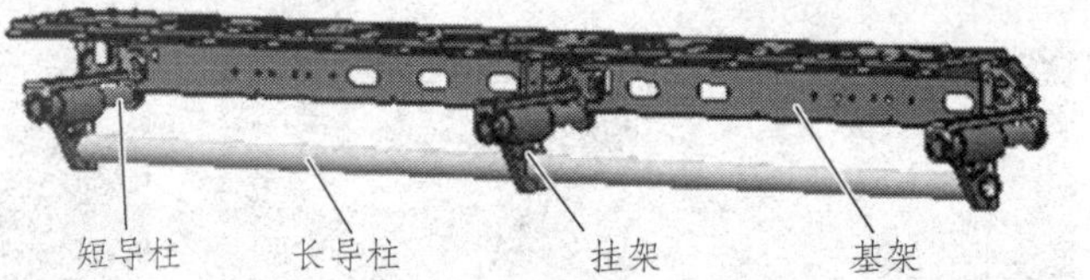
丝杆、长导柱</td></tr>
<tr><td colspan="6">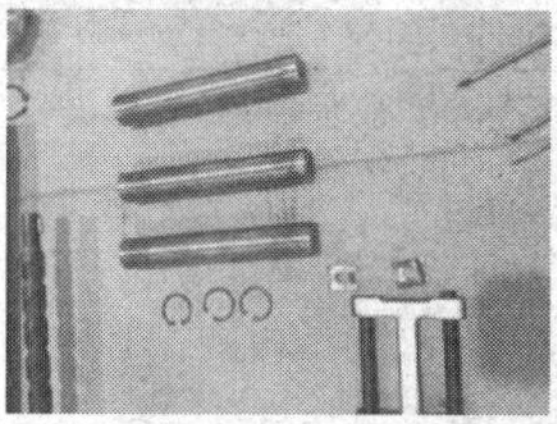
短导柱、卡簧</td><td colspan="6">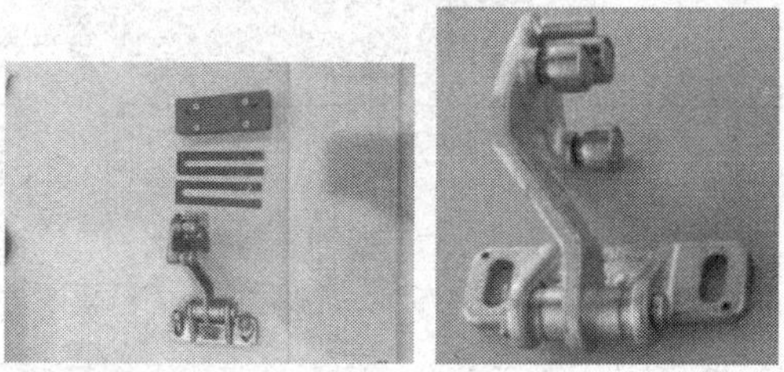
下摆臂组件</td></tr>
<tr><td colspan="3">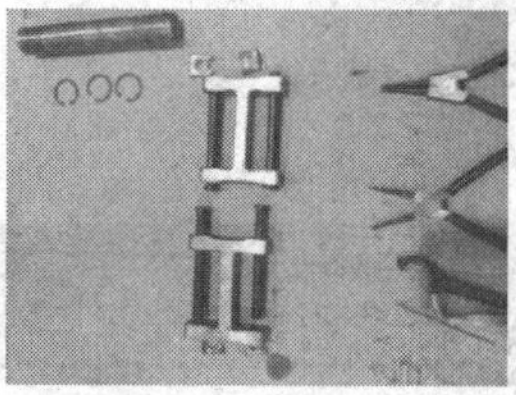
传动架</td><td colspan="3">
隔离开关</td><td colspan="3">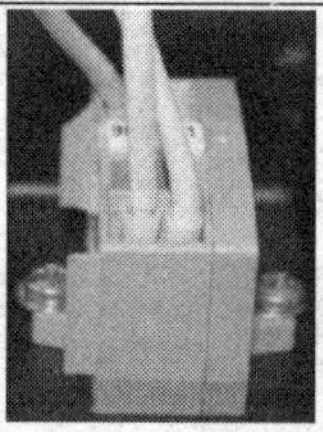
机构小端子</td><td colspan="3">
拖链、等电位线</td></tr>
<tr><td colspan="4">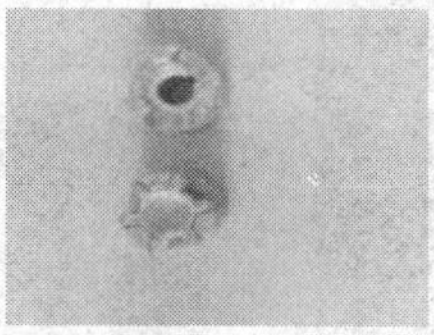
联轴节</td><td colspan="4">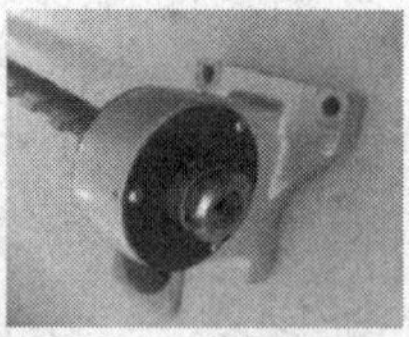
丝杆支承</td><td colspan="4">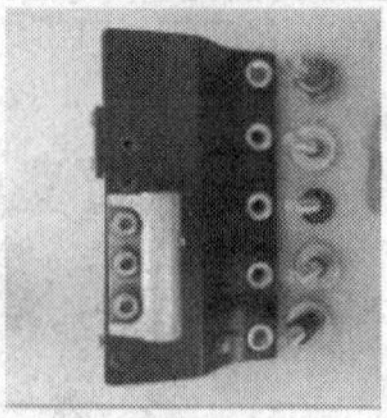
套筒</td></tr>
</table>

<table>
<tr><td rowspan="2">部件识别</td><td>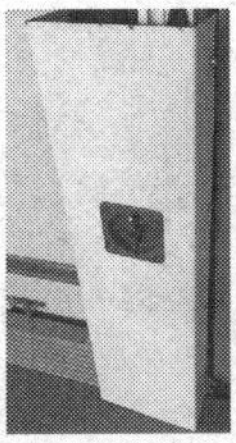
立罩</td><td>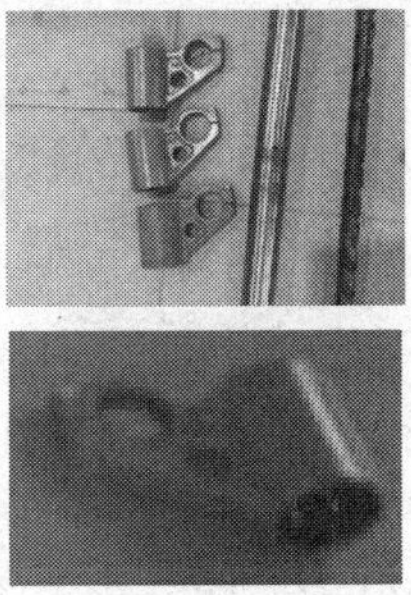
挂件</td><td>
携门架</td></tr>
<tr><td>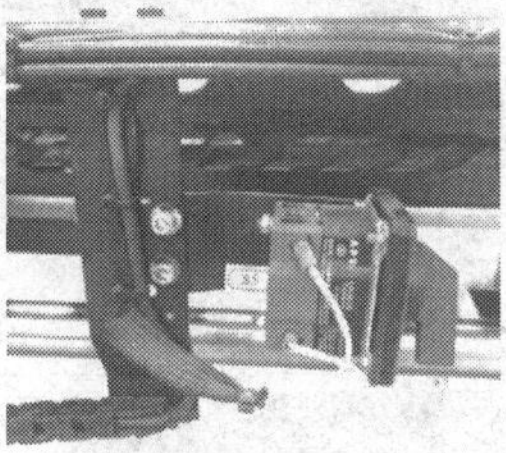
直流转换开关</td><td>
门到位开关</td><td>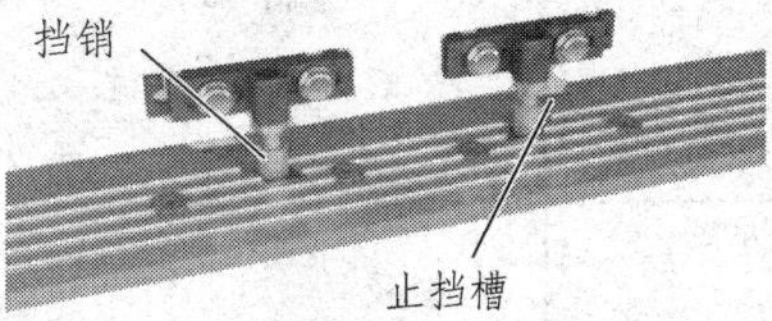
挡销</td></tr>
<tr><td rowspan="2">安全、注意要点</td><td colspan="3">学生在整个安装及调试过程中，必须切断电源，只有在最终检查后才能接通电源。
拆装过程中，戴好手套，以免刮伤手。
学生在安装及调试过程中，严禁用手直接接触驱动机构的导柱表面。
学生在任何情况下均不能用丝杆、门控单元（EDCU）、电机、拖链等零部件作为提升支撑点。
学生在门系统安装和调试过程中，应注意对门扇表面油漆的保护</td></tr>
<tr><td colspan="3">前部
● 长导柱、短导柱、挂架
● 丝杆、电机、螺母、支承、全程锁闭装置
后部
● 门页、压条、平衡轮组件、滚轮组件、隔离开关组件
● 接线</td></tr>
<tr><td>步骤</td><td>作业内容</td><td colspan="2">实物操作图片</td></tr>
<tr><td>1</td><td>● 确保断开电源；
● 将外解锁装置打到解锁位（可以手动开门）</td><td colspan="2"></td></tr>
</table>

续表

<table>
<tr><th>步骤</th><th>作业内容</th><th>实物操作图片</th></tr>
<tr><td>2</td><td>● 将车门手动拉开（确定解锁），解锁后能够拉动车门才便于拆卸车门</td><td></td></tr>
<tr><td>3</td><td>● 拆电连接线；
● 拆等位线；
● 拔电机线；
● 拆拖链线；
● 拆全程锁闭线</td><td></td></tr>
<tr><td>4</td><td>● 用16#开口扳手或套筒扳手将滑筒与携门架连接的五颗螺钉拆除（注意：中间三颗一样，左右两颗有别）</td><td></td></tr>
<tr><td>5</td><td>● 将门页从下滑道与上滑道中退出后取下；
● 取下门页上的下挡销</td><td>

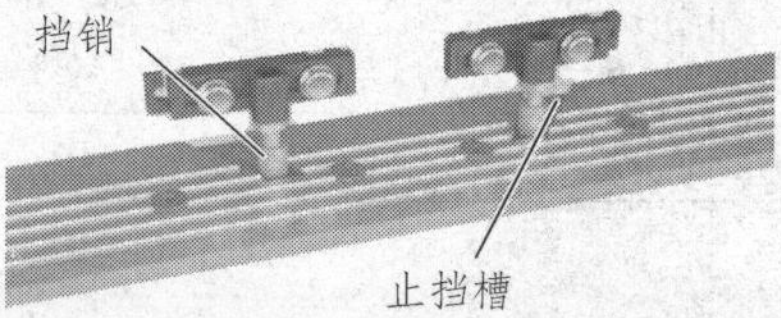
</td></tr>
<tr><td>6</td><td>● 拆除立罩；
● 拆除拖链架</td><td>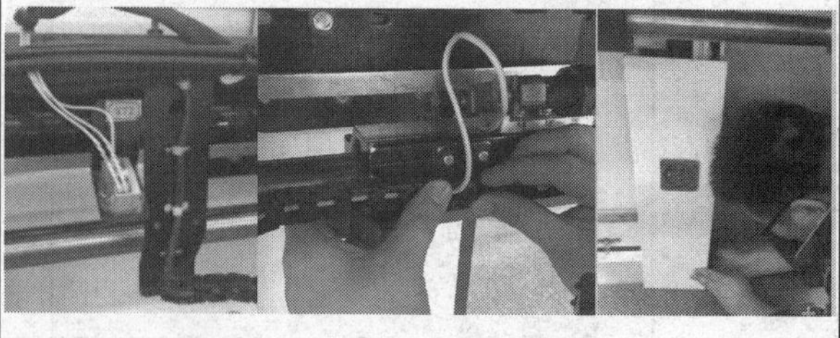</td></tr>
</table>

步骤	作业内容	实物操作图片
7	● 用内六角扳手将左右压条拆除（注意：螺钉不要完全拧开，将其拧到间隙合适即可，否则螺钉容易掉到缝隙处）	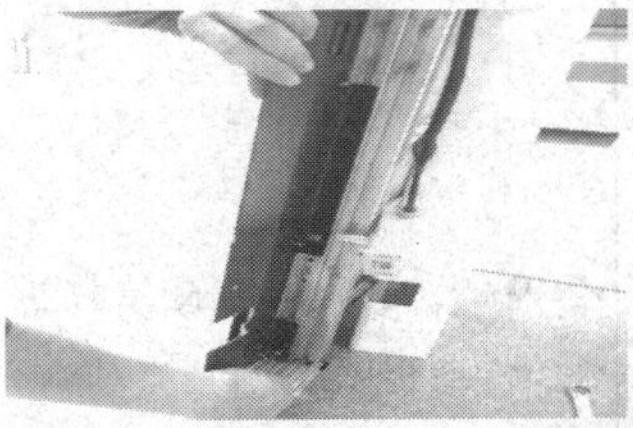
8	● 用内六角扳手拆除上压条（注意：上下压条、衔铁、立柱这几处的螺钉特殊，不需要完全拧下来）	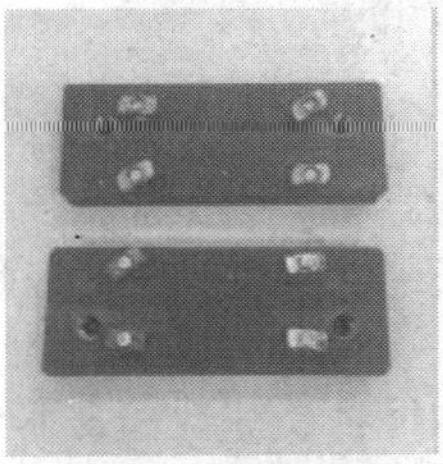 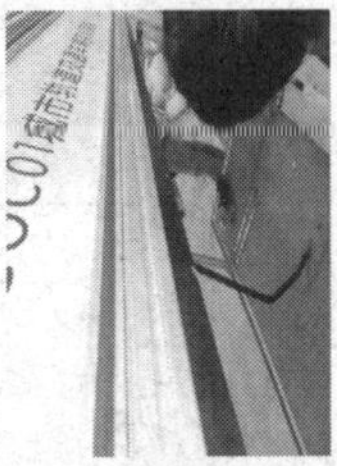
9	● 用内六角扳手拆除隔离开关与嵌块； ● 用内六角扳手拆除左右下摆臂组件	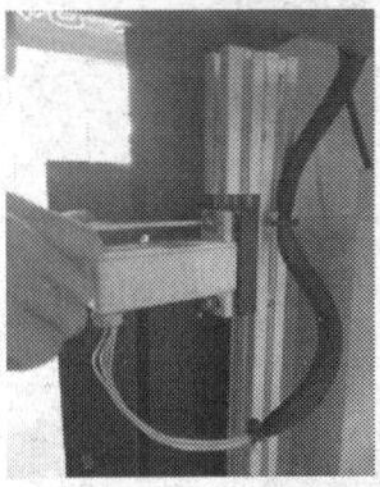 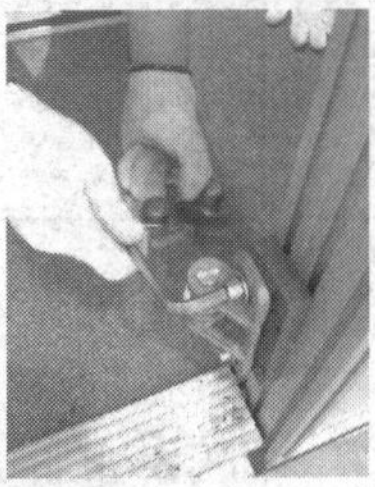 
10	● 用13#开口扳手或套筒拆除平衡轮组件	
11	● 拆除与丝杆螺母连接的传动架； ● 用开口钳将短导柱卡簧拆除	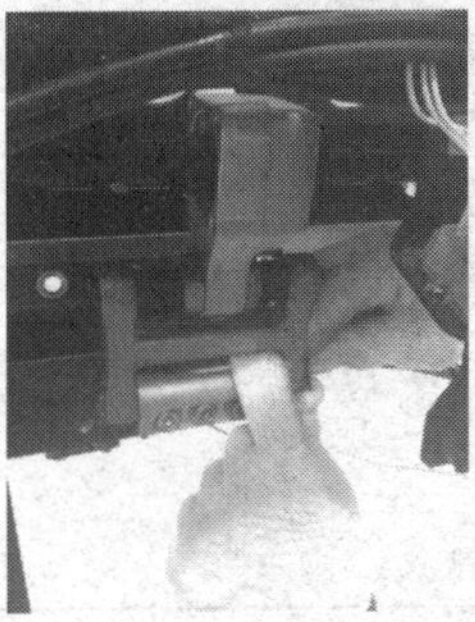 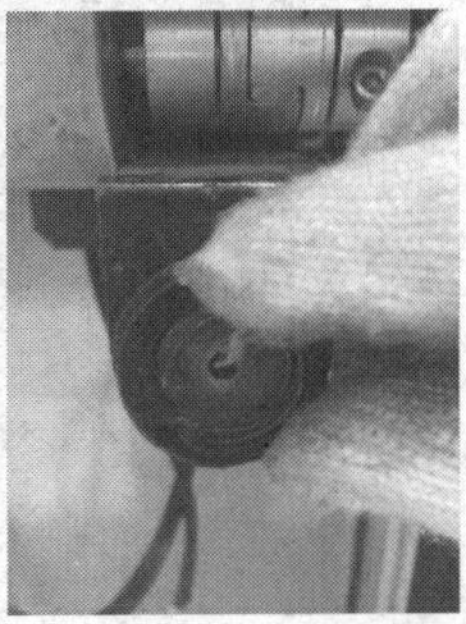

续表

步骤	作业内容	实物操作图片
12	● 三人合力将长导柱拆下； ● 抽出短导柱	 
13	● 用闭口钳将长导柱卡簧拆下，取出挂件，摆放整齐	
14	● 用内六角扳手将一侧的拖链支架拆除； ● 用内六角扳手将丝杆的螺母拧松； ● 用专用丝杆螺母扳手解除丝杆另一端的固定，两人配合将丝杆拆除并摆放整齐（注意：丝杆其中一头的对顶螺母不用拆卸）	
15	● 拆除电机安装座；拆除全程锁闭装置（注意：连线拆除时，需要记住线号）	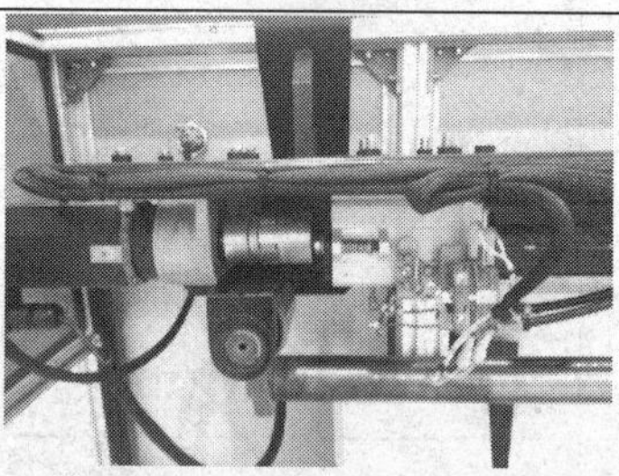 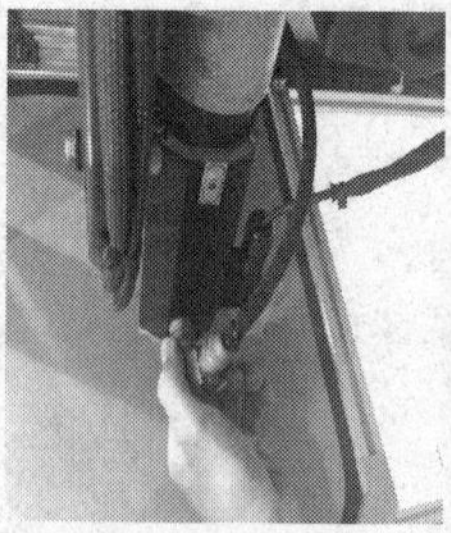 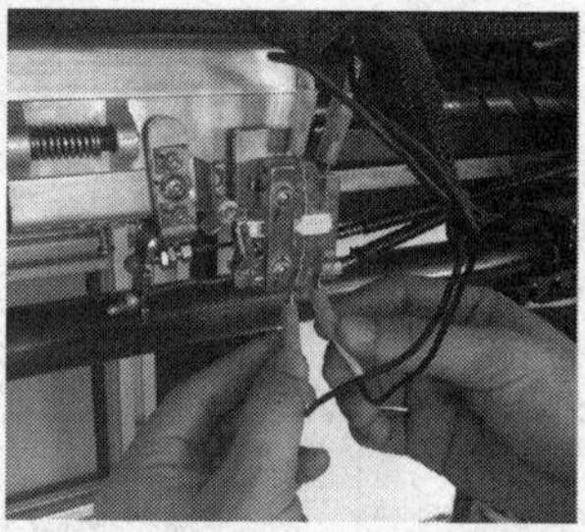

检查	● 拆除之后，清洁各部件； ● 检查丝扣无滑扣，零件无丢失，部件表面完好； ● 组装与调试； ● 组装过程与拆除基本相反	
实训安排	装配时分成两组，一组负责门框（2人），另一组负责传动装置（3人），人员可以按情况调换	
步骤	作业内容	实物操作图片
1	● 安装左右下摆臂组件、隔离开关组件	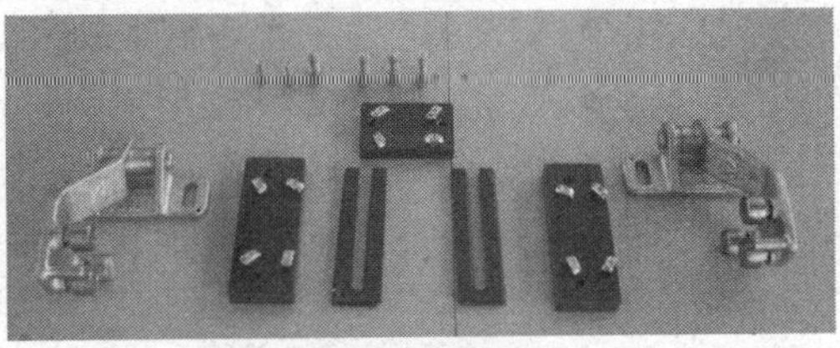
2	隔离开关： ● 门框装配组首先装上隔离开关的嵌块（嵌块的窄边朝门侧）； ● 嵌块的下表面与门槛的距离为（552±1）mm； ● 装好隔离开关(要记得装垫片）	 552 mm
3	滚轮摆臂： ● 装上左右下摆臂的嵌块（图中的孔向内为正确)，嵌块的下表面与门槛平面的距离为（111±1）mm； ● 装好下摆臂（要记得装垫片）； ● 摆臂和摆臂座在一个平面上，凸轮朝上，垫上垫片（上5、下4)，销子从上往下装； ● 衔铁窄边朝门侧，摆臂座的垂直边朝门的另一侧； ● 一个滚轮在滑道内，两个滚轮在滑道外	 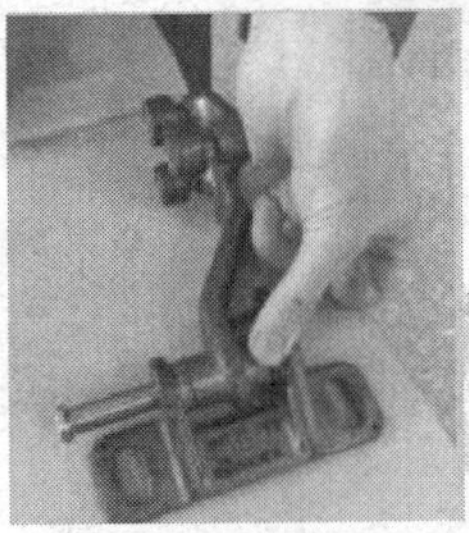 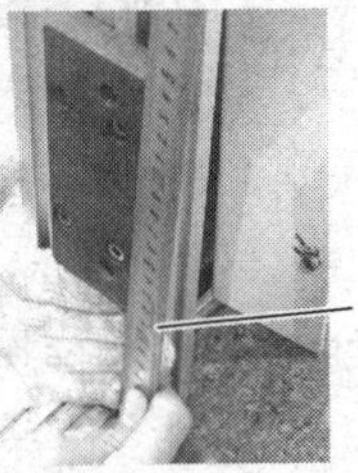 111 mm
4	● 先装上压条； ● 后装左右压条(左右压条有别，右压条有隔离开关孔)； ● 压条前表面距台架外表面距离为（17±1）mm	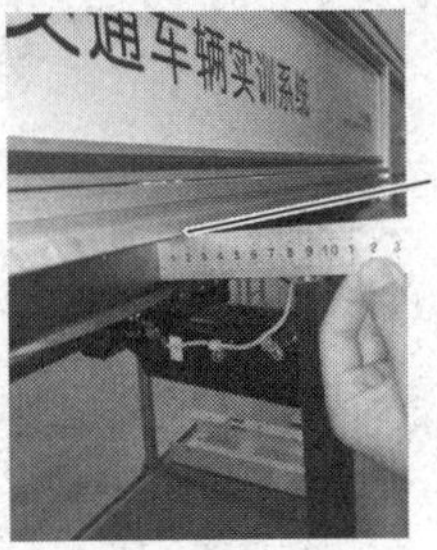 17 mm

步骤	作业内容	实物操作图片
5	● 安装左、右平衡轮组件； ● 用扳手拧紧 6 个六角头螺栓和 6 个碟形垫圈，将左、右平衡轮固定到机架上形成一个整体	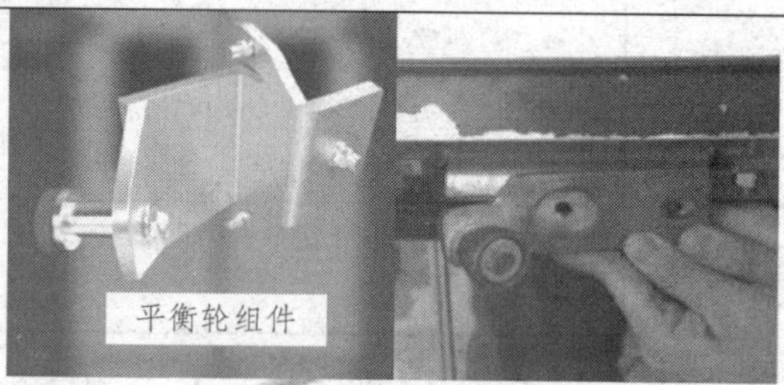  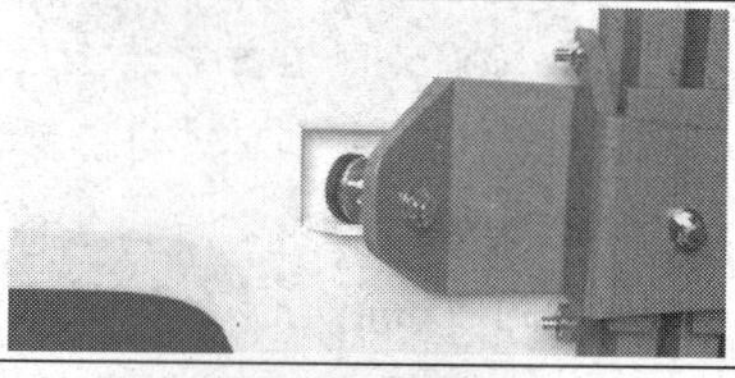
6	电机+联轴节+全程锁闭装置： ● 传动装配组先分配好人，一人先装电机联轴节，剩下两人将对顶螺母对中； ● 联轴器两个三叉相互间隙为 2 mm； ● 联轴器与电机支座距离为 6 mm	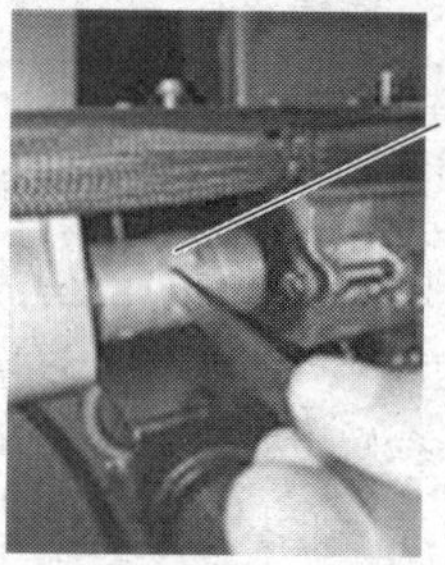  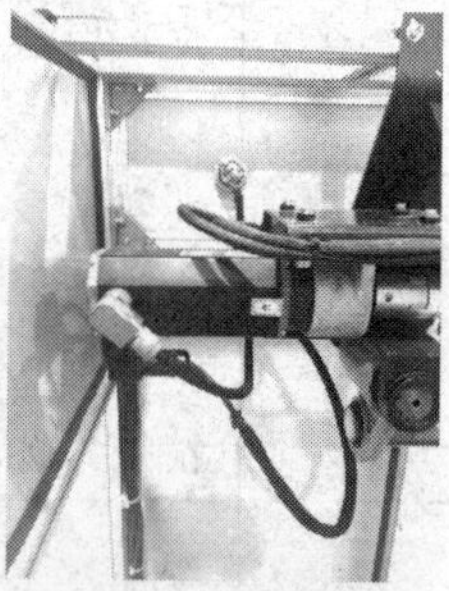  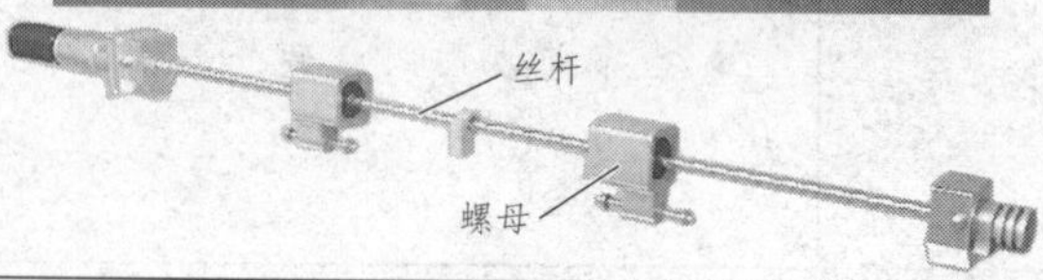

步骤	作业内容	实物操作图片
7	丝杆组件： ● 安装丝杆组件，螺母+支撑+螺母； ● 确定位置：套上丝杆螺母，将螺母对中旋到不能转动为止； ● 再将螺母对称向外旋转两圈，利于安装支撑； ● 对顶螺母安装时要对称布置（装上去就不能旋转了）； ● 丝杆组装好后与全程锁闭装置对接，安装中间支承和右支承	
8	长导柱+短导柱+挂件： ● 将左右边挂架、中挂架、左右携门架滑筒组件按要求次序与长导柱组装在一起，长导柱两端安装轴用弹性挡圈和端盖； ● 将中挂架置于中支架中部位置，左右边挂架置于左右支架中部位置，用 3 根短导柱分别插入中挂架和中支架中以及左右边挂架和左右支架中，并用弹性挡圈卡牢短导柱； ● 套筒的安装方法：带螺丝孔的一侧朝外（与门相连），左右之分以传动架在套筒中的位置为中心，套筒宽边朝外，窄边朝内	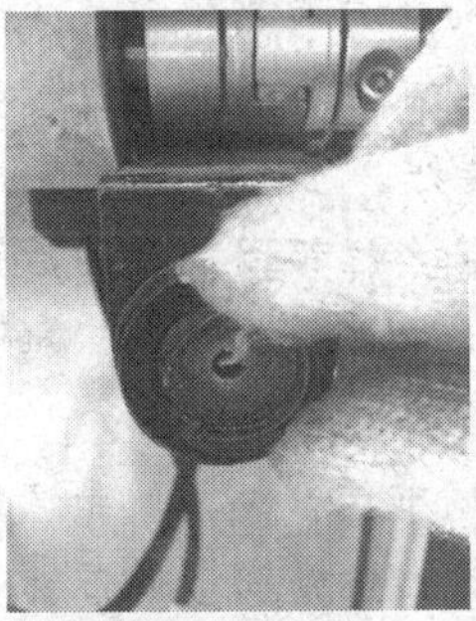     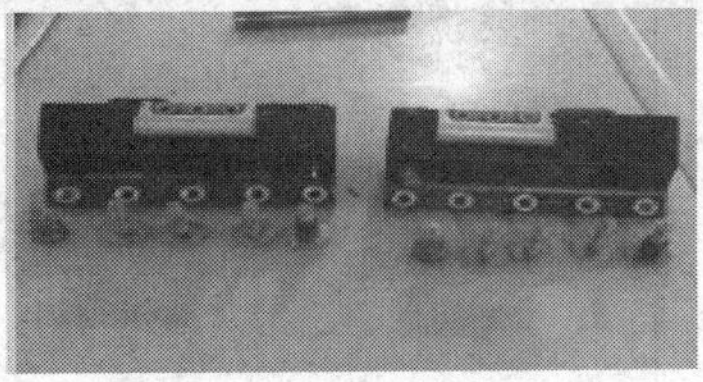

续表

步骤	作业内容	实物操作图片
9	安装外部紧急解锁装置组件： ● 紧固件不松动，钢丝绳根据实际情况调整	
	安装内部紧急解锁装置组件和立罩： ● 将立罩安装在台架门框上，紧固件不松动； ● 调节内部紧急解锁装置组件的钢丝绳； ● 将内部紧急解锁装置组件安装在立罩上，紧固件不松动	
10	● 调节全程锁闭装置； ● 调节技巧：先装内解锁线（银色小球那根线在上），再将开关打到复位，将线装好，之后打到解锁位，看触点是否将全程锁闭装置的后面那块板顶开，丝杆正反转是否顺畅，若不顺畅，则将其往外旋出； ● 外解锁调节：需将内解锁调制复位，之后和内解锁同理调节，这里不再赘述； ● 解锁故障处理：解锁板的笃定螺孔是可以左右移动的长型孔，如果打不到复位，可拧松螺钉左右移动调整	
11	● 三个人配合将门页装上； 将左、右门板与左、右携门架架体连接，紧固件暂不紧固（注意：将两扇门页闭合，拆装螺钉比较顺畅。分别与上、下滑道对上，闭门后，装携门架）	 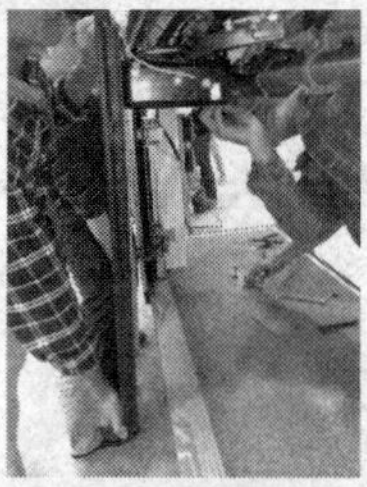 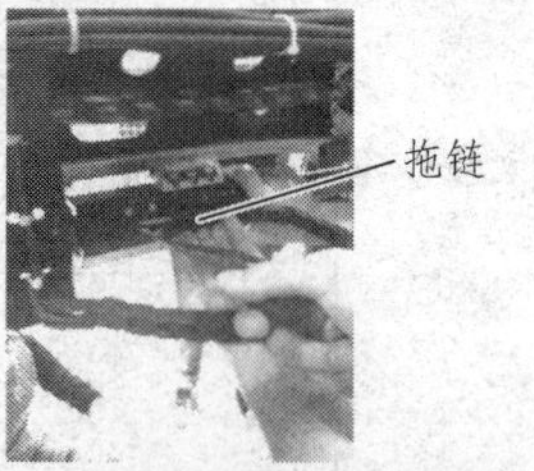 

续表

步骤	作业内容	实物操作图片
12	● 将内外解锁打到复位，设备通电，能开关门以后进行调试； ● 调整门板上、下部外摆尺寸； ● 下调滚轮摆臂，上调携门架套筒上偏心轮； ● 门的外表面与“门框”外表面上下距离为（56±2）mm	   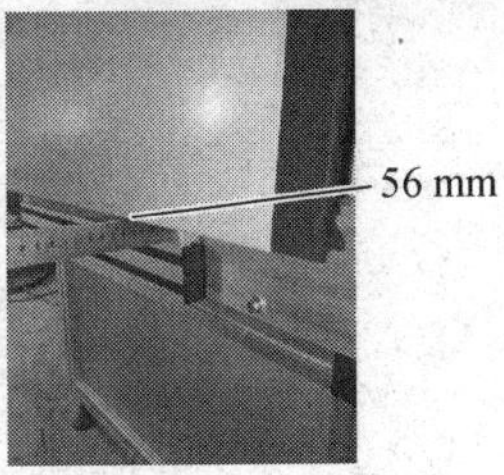
13	左右门板安装调试： ● 调整门扇V形（门的缝隙上面比下面大2～5 mm）； ● 要求：门位于直道位置，两页门扇上部比下部大2～5 mm； ● 调整方法：调整携门架与门板连接处的偏心轮； ● 上部平衡轮压轮与门板加强点处压槽轻微接触（调整平衡轮的偏心轮）	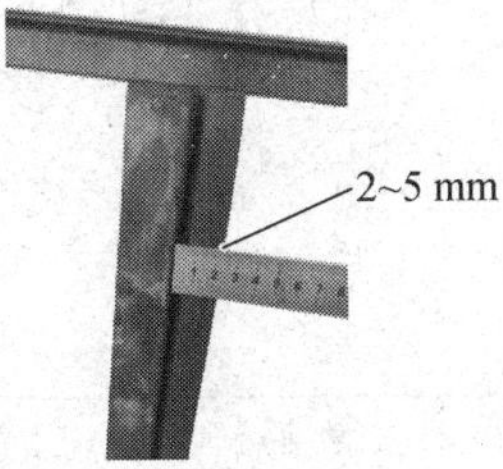
14	● 关门到位后，门板外表面与台架外表面齐平，偏差不超过2 mm	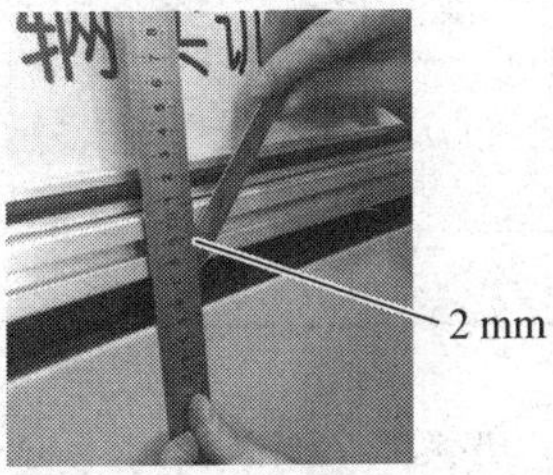
15	● 安装左、右门板下挡销，紧固件不松动； ● 门板下挡销与门槛嵌块凹槽正确啮合，保证挡销末端和嵌块底部之间的距离为2～3 mm	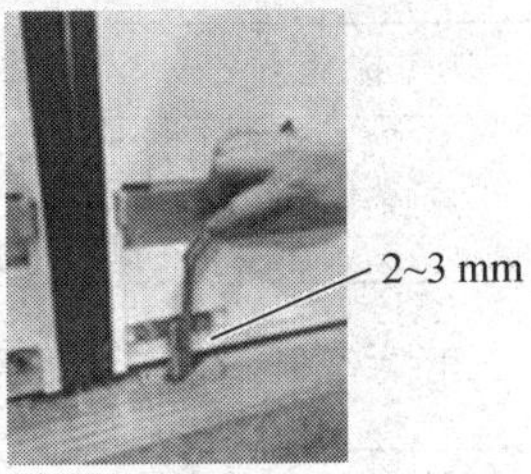

续表

<table>
<tr><th>步骤</th><th colspan="2">作业内容</th><th>实物操作图片</th></tr>
<tr><td>16</td><td colspan="2">调整车门净开度：
● 要求：右门板在同一平面内，车门净开度为（1 350±10）mm；
● 调整方法：调整左右缓冲头</td><td></td></tr>
<tr><td>17</td><td colspan="2">● 打开右侧所有开关，进行试验</td><td>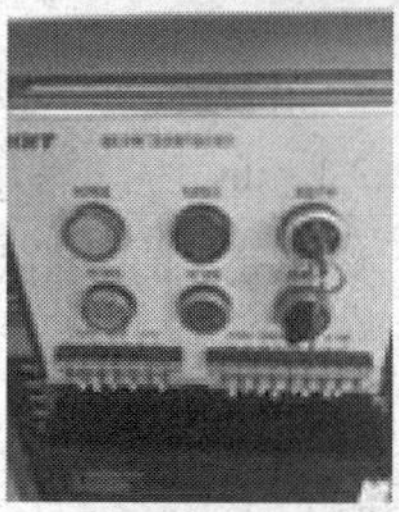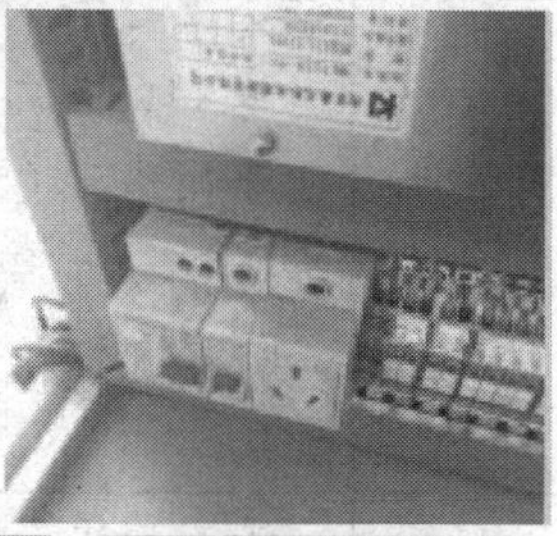</td></tr>
<tr><td rowspan="10">系统联调</td><td>内部紧急解锁装置（内操作）</td><td colspan="2">门关到位后，旋转内操作手柄或用四方钥匙操作内操作的四方头，全程锁闭装置应能解锁，紧急解锁开关被压合，门能正常打开</td></tr>
<tr><td>安全性</td><td colspan="2">无短路、漏电等安全隐患</td></tr>
<tr><td>电源指示</td><td colspan="2">闭合空开，将电源钥匙开关拨至“1”位，电源指示灯亮</td></tr>
<tr><td>初始化测试</td><td colspan="2">打开控制台电源，门锁打至解锁位置，推开车门，关闭机构电源，再打开机构电源开关，门自动闭合</td></tr>
<tr><td>零速保护</td><td colspan="2">无零速信号时，按开门、关门按钮，门不做相应运动</td></tr>
<tr><td>开关门动作</td><td colspan="2">有零速信号时，按开门按钮，执行开门动作，关闭锁紧指示灯熄灭；按关门按钮，执行关门动作，关门到位后，关闭锁紧指示灯亮。工作过程中外侧指示灯闪烁</td></tr>
<tr><td>隔离锁保护</td><td colspan="2">隔离锁锁上时，外侧指示灯亮；解锁时，外侧指示灯熄灭</td></tr>
<tr><td>内操作锁</td><td colspan="2">门锁手动打至解锁位置，推开车门，再打至复位位置，车门闭合，工作过程中外侧指示灯亮</td></tr>
<tr><td>外操作锁</td><td colspan="2">用四角钥匙将门锁打至解锁位置，推开车门，再打至复位位置，车门闭合，工作过程中外侧指示灯亮</td></tr>
<tr><td>安全回路</td><td colspan="2">当门关闭锁紧后，关闭锁紧指示灯应点亮</td></tr>
</table>

续表

18 结束	作业收尾工作
	清点各工器具，无丢失、不留在作业现场，清洁作业现场
	作业过程中及时填写作业记录表格

3.4 客室车门的调整

1. 门扇对中调整

（1）根据测量结果，旋转防松螺母（见图 3-25），旋转螺纹套，在车体入口处对中左右门扇。

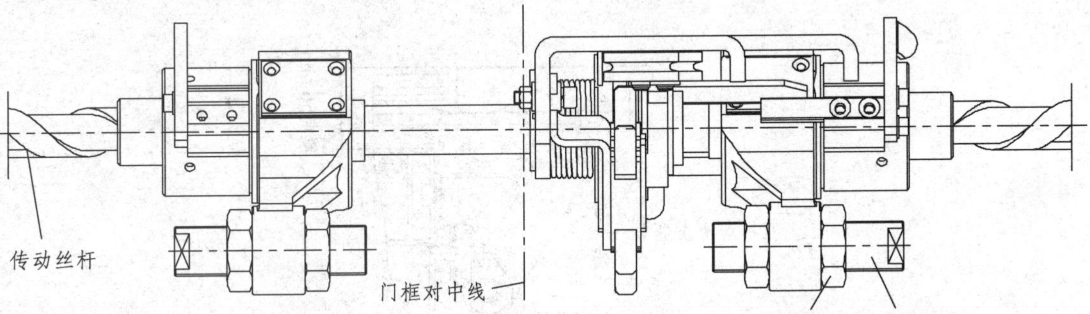

图 3-25　门扇对中调整

（2）将门扇置于上滑道直道的前端位置。

（3）在靠近携门架下部的相同位置，分别检查左右门扇前端到左右侧压条的横向距离。横向距离必须在左右两侧的螺纹套上进行调整。

调整举例说明如下：

左门板与车体门框左侧间距 16 mm，右门板与车体门框右侧间距 22 mm，左右门板需向右调节 3 mm[（22−16）/2]，如图 3-26 所示。

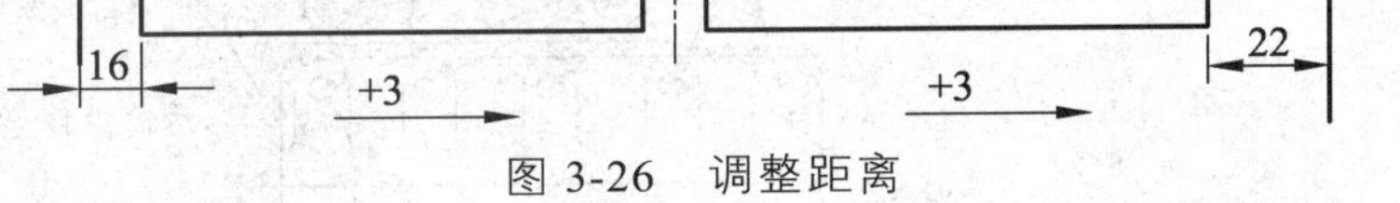

图 3-26　调整距离

2. 调整上部摆出运动

（1）松开上滑道后沿的紧固螺母，沿上滑道后部腰形孔调整，可测量携门架上方门扇外表面与车体外表面的距离，使门扇上部摆出尺寸满足 56^{+2}_{-4} mm，调整上滑道前部腰形孔，如图 3-27（a）所示。

（2）测量携门架上方门扇外表面与车体外表面的距离，如图 3-27（b）所示，使门扇上部摆出尺寸一致，保证左右上滑道的直线部分在同一直线上，左右携门架上的上滚轮与上滑道的同一侧（内侧、外侧）接触，确保车门系统的运动平滑。

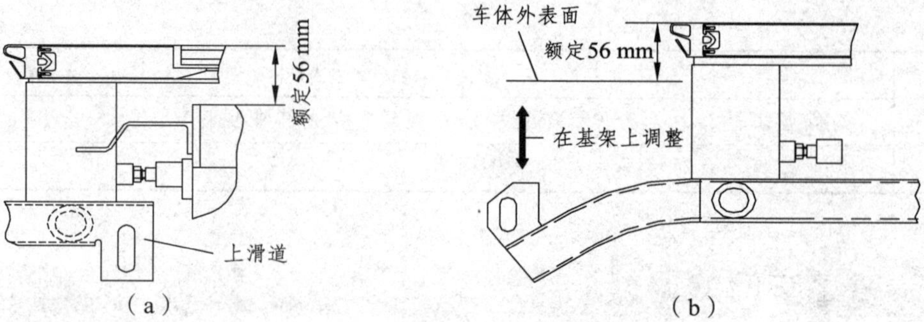

图 3-27　调整上部摆出距离

3. 调整下部摆出运动

沿腰形孔移动下滚轮摆臂安装支架，在外侧两滚轮中心连线与侧密封压条平行时，保证其下部的摆出距离为 56^{+2}_{-4} mm，如图 3-28 所示；在调整过程中，应保证 3 个滚轮上端面组成的平面水平。

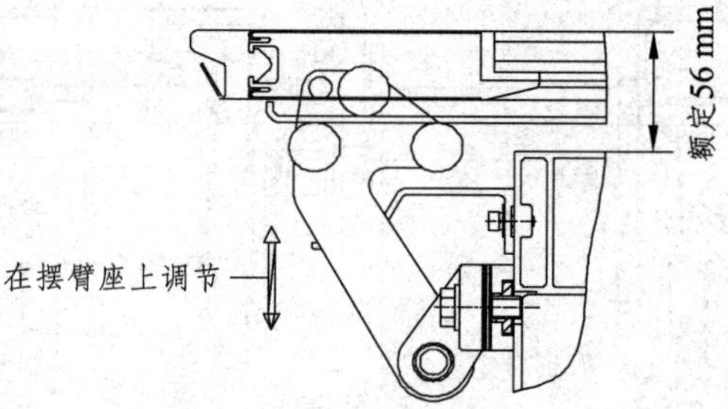

图 3-28　调整下部摆出运动

4. 调整门扇平行度

（1）使用扳手轻微松开携门架上的 5 个螺钉，如图 3-29 所示。

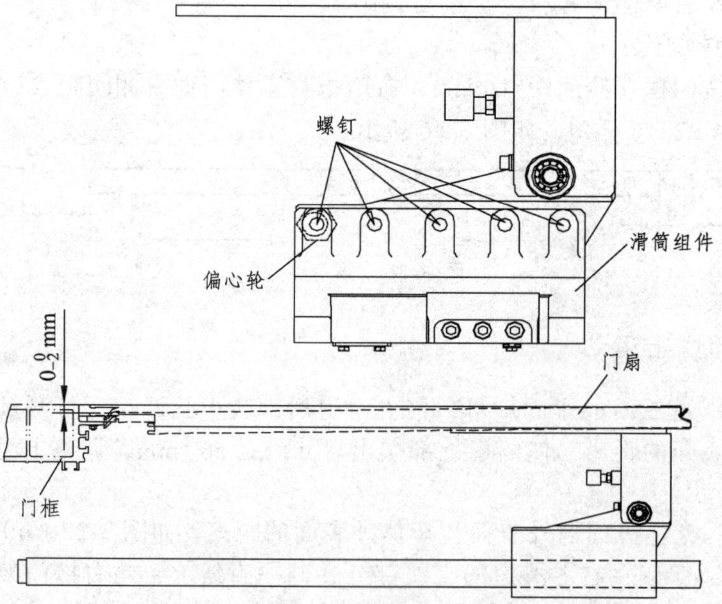

图 3-29　调整门扇平行度

（2）旋转偏心轮，使门板外侧与密封面平行。

5. 调整门扇 **V** 形

将门扇放置在上滑道直道位置，调整门扇 V 形，要求两页门扇上部比下部大 2 ~ 5 mm，如图 3-30 所示。

调整方法：调整携门架上的偏心轮。

图 3-30　调整门扇 V 形

扫一扫获取
本课题数字资源

城市轨道交通车辆转向架

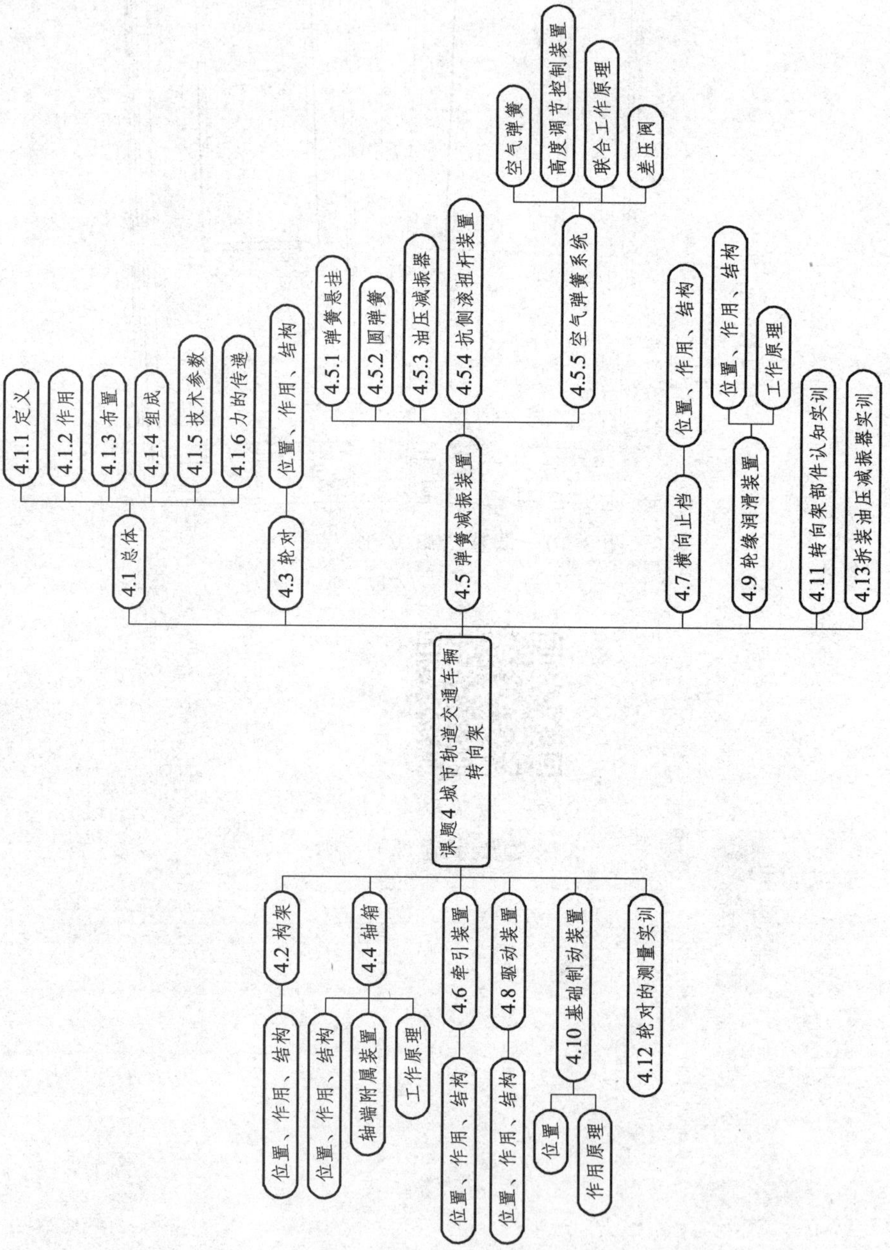

城市轨道交通车辆转向架思维导图

4.1 城市轨道交通车辆转向架总体

4.1.1 转向架的定义

转向架是把两个或多个轮对用专门的构架组装在一起，组成直接支承车体并在轨道上运行的小车。转向架又称走行部，是支承车体垂直载荷，产生并传递牵引力和制动力，引导车辆沿着轨道运行的走行装置。

4.1.2 转向架的作用

转向架的作用是承受列车上部车体及设备的载荷，传递牵引力与制动力，引导车辆在轨道上安全运行。

（1）承载：转向架能支撑车体，承受并传递从车体到轮对或从轮对到车体的各种载荷及作用力，使轴重均匀分配。

（2）牵引：通过轴承装置使车轮沿着钢轨滚动，并转化为车体沿线路运动的平动，牵引车辆前进。

（3）转向：保证车辆沿线路运行，并顺利通过曲线。

（4）缓冲：缓和车辆和线路之间的振动，减小振动和冲击，提高车辆运行的平稳性。

（5）制动：产生制动力，使车辆在规定的距离内减速或停车。

4.1.3 转向架的布置

转向架的布置如图 4-1 所示。

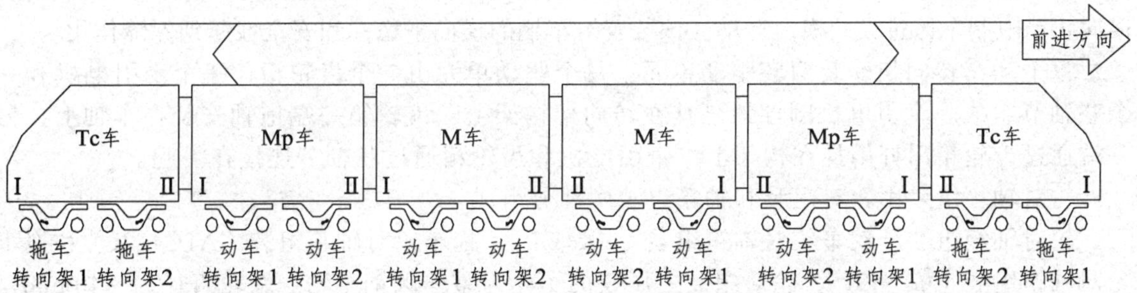

图 4-1 转向架的布置

4.1.4 转向架的组成

转向架的类型很多，结构各不相同，但其基本组成是一样的。转向架一般由构架、轮对轴箱装置、弹簧悬挂装置、基础制动装置、驱动装置和中心牵引装置组成。

以 ZMCO80-1 型转向架为例。动车转向架由动车轮对轴箱装置、驱动单元、构架、一系悬挂装置（动车 1/动车 2）、二系悬挂装置、二系垂向减振器、横向悬挂装置、牵引装置、基础制动装置、起吊装置、抗侧滚装置、高度调节装置（一阀/二阀）、动车转向架空气管路、动车转向架布线及动车转向架设备标识等组成。动车转向架结构如图 4-2 所示。拖车转向架由拖车轮对轴箱组装、构架、一系悬挂装置（拖车 1/拖车 2）、二系悬挂装置、二系垂向减振器、横向悬挂装置、牵引装置、基础制动装置、起吊装置、抗侧滚装置、高度调节装置（一阀/二阀）、STF 天线（仅拖车 1 有）、拖车转向架空气管路、拖车转向架布线（1/2）、轮缘润滑装置（仅拖车 1 有）及拖车转向架设备标识等组成。

图 4-2　动车转向架

转向架构架为全焊接结构，是转向架的骨架，既是承载体和传力体，又是转向架上其他零部件的安装吊挂基体。

牵引装置由牵引座和牵引杆组成，牵引装置用来实现转向架与车体之间的连接。

牵引杆由牵引杆体和牵引橡胶关节组成，牵引橡胶关节能缓冲和吸收车体与转向架之间的振动、冲击，协调转向架与车体之间的相对运动，实现车辆的牵引和制动功能。

横向悬挂装置由二系横向减振器和横向止挡构成。减振器可在垂直方向和水平方向减振，横向止挡限制车体过大的横向运动。该装置对车辆的横向平稳性和安全性起到保障作用。

每个动车转向架安装两套驱动单元，每个驱动单元由一个齿轮箱、一个牵引电机和一个联轴节组成。牵引电机刚性地悬挂在转向架构架上，齿轮箱一端抱轴安装在车轴上，另一端通过齿轮箱吊杆吊挂在构架上。牵引电机和齿轮箱通过联轴节连接在一起。

轮对轴箱组装由轮对组装和轴箱组装两部分组成。

轮对轴箱组装分动车轮对轴箱组装（EK+GL）、拖车轮对轴箱组装（ATC+EK）和拖车轮对轴箱组装（GL+EK）。轮对组装上压装的车轮为整体碾钢车轮。新轮直径为 840 mm，磨耗到限的直径为 770 mm。

基础制动采用踏面制动方式。每个转向架配有 4 个制动单元，其中 2 个制动单元带停放制动功能，成斜对称布置。

一系悬挂装置由螺旋钢弹簧、弹簧橡胶垫、一系垂向减振器、转臂橡胶关节和一系垂向止挡等部件组成。弹簧橡胶垫能起到构架和轴箱之间的电气绝缘和噪声隔离作用。一系垂向减振器可以减小转向架的垂向振动和点头振动。

二系悬挂装置由两个空气弹簧组成，通过空气弹簧高度调节阀可自动调节车体高度，补偿乘客载荷的变化。

高度调节装置的主要部分是高度调整阀连杆。高度调整阀连杆一端安装在构架的高度调整阀连杆安装座上，另一端与高度调整阀相连。高度调整阀连杆将乘客载荷的变化传递到高度调整阀控制杆、二系悬挂系统和与载荷控制相关的制动设备的气动系统上，实现车体高度的调节。

抗侧滚装置安装在车体与转向架之间。抗侧滚扭杆可以使车体在侧滚条件下保持车辆稳定，还可以减少车体在弯道行驶及通过道岔时的动态倾摆。

每个转向架都配有三条独立的管路输送压缩空气，两条用于基础制动单元动作，一条用于停车制动单元动作。这些管路均通过管夹安装在构架管卡座上。

轮缘润滑装置安装在 Tc 车的第一个转向架上。从安装在车体上的油箱出口开始，润滑油经高压软管被导流到喷嘴。在预设的喷射时间内，两个喷嘴持续地将润滑油喷到车轮轮缘上，从而减少车轮轮缘与钢轨之间的异常磨耗。

整体起吊装置通过钢丝绳将转向架构架与安装在车体下方的牵引座连接，而安装在车体下方的牵引座是通过螺栓组与车体连接成一个整体，从而在起吊车体的同时，整体起吊装置能将转向架一同吊起。

ATC 天线（STF 天线）由信号供应商供货，转向架仅负责各种天线在转向架上的安装。STF 天线安装在拖车转向架 1 上。

转向架布线是根据车辆总体要求，将信号天线电缆、各种传感器组件的电缆和接地装置电缆部分布置在转向架上并进行固定。

4.1.5 ZMCO80-1 型转向架主要技术参数

ZMCO80-1 型转向架主要技术参数见表 4-1。

表 4-1 ZMCO80-1 型转向架主要技术参数

参 数	单位符号	数 值
轴式	—	B_0-B_0（动车）/2-2（拖车）
轨距	mm	$1\,435^{+6}_{-2}$
轴距	mm	2 300
最高运行速度	km/h	80
平均旅行速度	km/h	38
转向架中心距	mm	12 600
最大轴重	t	14
车轮滚动圆直径	mm	840（新轮）/770（全磨耗轮）
轮对内侧距	mm	1 353±2
车轮踏面	—	LM 型
最小通过曲线半径（正线/车场线）	m	300/150

4.1.6 转向架力的传递（ZMCO80-1）

力的传递路线表示转向架各部件之间的装配关系。

1. 垂直力

垂直力即承载力，自上而下传递，使整列车重量传至钢轨。

垂直力的传递路径：车体→空气弹簧（二系悬挂）→构架→圆弹簧（一系悬挂）→轴箱→车轴→车轮→钢轨。

2. 纵向力

1）动车转向架

牵引力的传递路径：电机→联轴节→齿轮箱→轮对→轴箱→橡胶关节→构架→牵引拉杆→牵引座→车体。

制动力的传递路径：单元制动机闸瓦→轮对→轴箱→橡胶关节→构架→牵引拉杆→牵引座→车体。

2）拖车转向架

牵引力或制动力通过车钩自上而下传递。

传递路径：车钩→车体→牵引座→牵引拉杆→构架→橡胶关节→轴箱→轮对。

3. 横向力

横向力的传递路径：钢轨→轮对→轴箱→橡胶关节→构架→牵引拉杆→牵引座→车体。

4.2 构　架

城市轨道交通车辆转向架构架如图 4-3 所示。

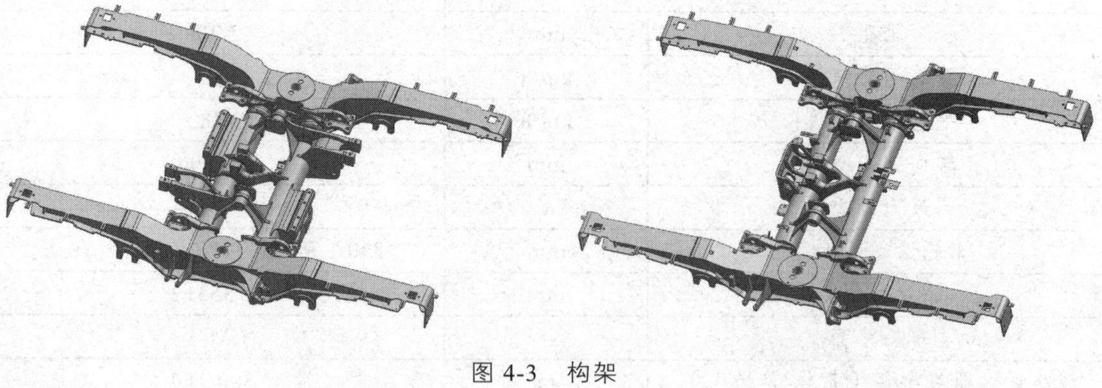

图 4-3　构架

4.2.1 构架的位置

构架在转向架上的位置如图 4-4 所示。

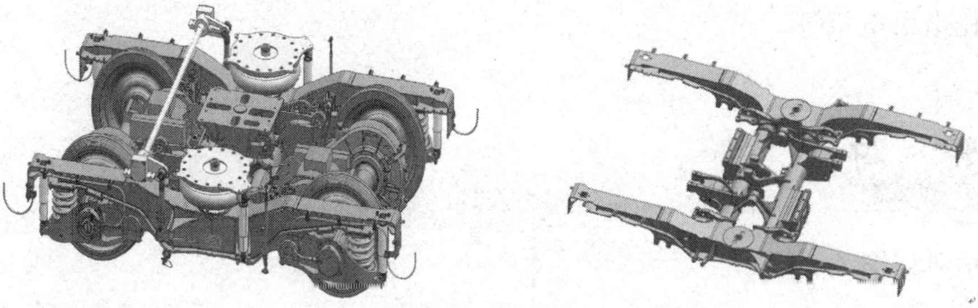

图 4-4 构架的位置

4.2.2 构架的作用

（1）构架是转向架的骨架，是转向架各组成部分的安装基础，把转向架的零部件组成一个整体。

（2）传递牵引力、制动力并承载车体重力。

4.2.3 构架的结构

转向架构架按其功能的不同，分为动车转向架构架和拖车转向架构架。其主要区别在于是否安装有驱动装置（电机—联轴节—齿轮箱）。

一般转向架构架是由钢板焊接而成的 H 形结构。侧梁采用箱形全钢板焊接，与侧梁相贯通的横梁采用无缝钢管制成，如图 4-5 所示。

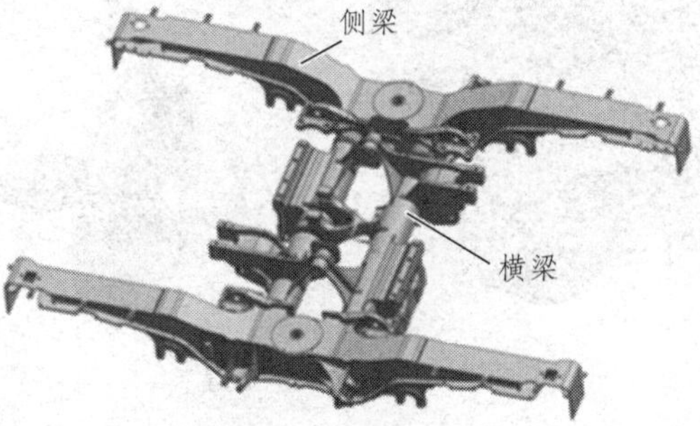

图 4-5 侧梁与横梁

1. 侧　梁

（1）构架的主要承载梁；

（2）传递垂直力、纵向力和横向力；

（3）确定轮对的位置。

2. 横　梁

（1）保证构架在水平面内的刚度；
（2）保证两车轴平行；
（3）承托牵引电机等。

4.3　轮　对

转向架轮对如图 4-6 所示。

图 4-6　轮对

4.3.1　轮对的位置

轮对在转向架上的位置如图 4-7 所示。

图 4-7　轮对的位置

4.3.2　轮对的作用

（1）轮对滚动使车辆在钢轨上运行；
（2）轮对承担车辆的全部载荷和冲击（轴重）；
（3）轮对与钢轨的黏着产生牵引力和制动力。

4.3.3 轮对的结构

（1）轮对由车轮和车轴压装而成，车轮车轴之间为过盈配合；
（2）车轮采用双 S 形辐板整体碾钢车轮；
（3）车轮的踏面形状采用 LM 型磨耗型踏面；
（4）轮对组装保证了固定的轮距（1 353 mm）；
（5）轮对组装包括两个车轮、一根车轴和两个螺堵，如图 4-8 所示。

图 4-8 轮对的组成

1. 车 轴

每根车轴安装两个车轮。轮轨间的作用力及其传递到转向架的力导致整根车轴承受弯曲应力。

动车车轴和拖车车轴相似，两者的唯一区别是动车车轴上有一个齿轮座（4），如图 4-9 所示。

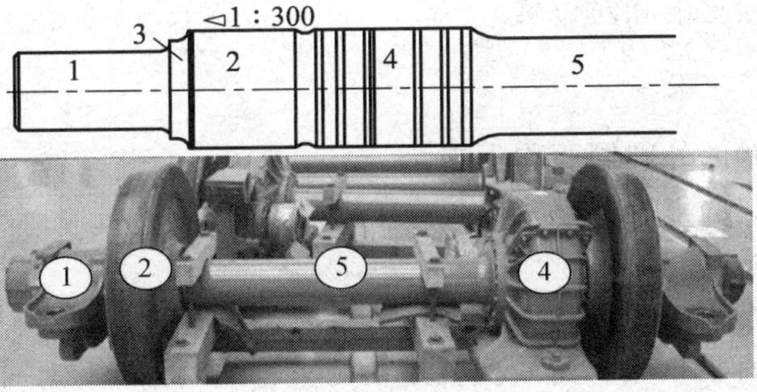

1—轴颈；2—轮座；3—防尘挡板座；4—齿轮座；5—轴身。

图 4-9 车轴

车轴都是实心轴，都有轮座（2）和轴颈（1）。轮座（2）有 1∶300 的锥度。

车轴各部分结构：

（1）轴颈（1）：用以安装滚动轴承。
（2）轮座（2）：车轴与车轮配合的部位。
（3）防尘板座（3）：车轴与防尘板的配合部位。
（4）轴身（5）：车轴中央部分，该部位受力最小。

2. 车　轮

动车轮对和拖车轮对的车轮完全一样。每个转向架有 4 个车轮，即每个轮对上装有 2 个车轮。

车轮为整体轮，通过压装配合安装到车轴轮座（锥度为 1∶300）上。新轮轮径为 840 mm，其磨耗极限为 770 mm。此极限标注在车轮的凹槽（*2）位置，如图 4-10 所示。

为了便于拆卸，车轮设计有一个注油孔。注油孔在不使用时用螺堵（2）堵塞，如图 4-10 所示。

每个车轮轮辋外侧上安装有一个降噪阻尼环（3），以降低车轮噪声。降噪阻尼环无须额外维护。

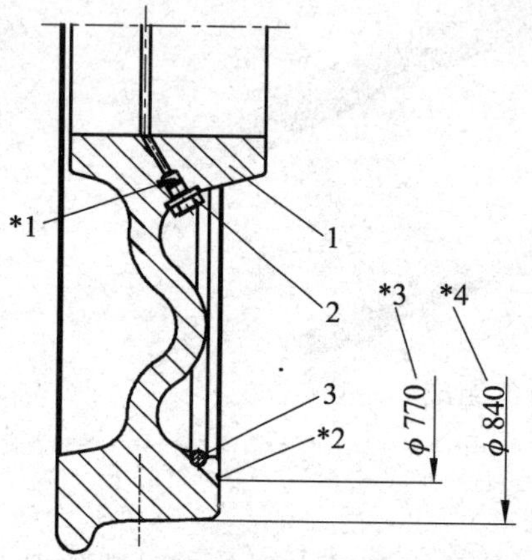

1—车轮；2—螺堵；3—阻尼环。

图 4-10　车轮

车轮的轮缘和踏面使车辆沿着固定的轨道运行。其中轮缘防止脱轨，踏面的锥度能够自行调节车辆车身与轨道的相对位置。

1）踏　面

车轮与钢轨面接触的外圆周面称为踏面。

踏面需要做成一定的斜度，呈锥形。其作用如下：

（1）便于通过曲线。

车辆在曲线上运行，由于离心力的作用，轮对偏向外轨，由于踏面锥形的存在，外轨上滚动的车轮滚动圆直径较大，而沿内轨滚动的车轮滚动圆直径较小，这正好和曲线区间线路外轨长、内轨短相适应，使轮对顺利通过曲线，减少车轮在钢轨上的滑行，如图 4-11（a）所示。

（2）在直线上运行时轮对能自动调中。

车轮在直线线路上运行时，如果车辆中心线与轨道中心线不一致，轮对在滚动过程中能自动纠正偏离位置，如图 4-11（b）所示。

（3）使磨耗踏面更为均匀。

由于踏面与钢轨接触面的滚动直径在不断变化，致使轮轨的接触点也在不断变换位置，从而使踏面磨耗沿宽度方向比较均匀。

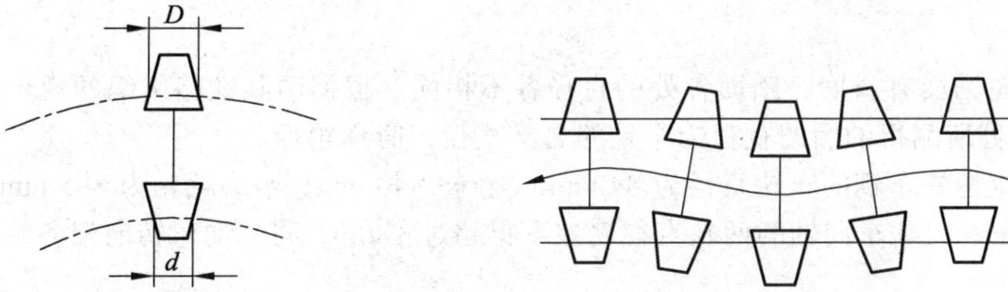

（a）锥形踏面轮对通过曲线　　（b）锥形踏面轮对蛇行运动

图 4-11　锥形踏面轮对的运动

实践证明，锥形踏面车轮的初始状态在运行中很快被磨耗，当磨耗到一定形状后，车轮的形状趋于稳定。因此，如果一开始就把踏面做成磨耗后的稳定形状，可明显减少轮轨的磨耗，延长车轮的使用寿命。这种磨耗后的踏面形状，称之为磨耗型踏面。

磨耗型踏面的优势：

① 可明显减少轮轨的磨耗，延长使用寿命，减少换轮、镟轮的检修工作量，其经济效益十分明显。

② 磨耗型踏面可减小轮轨接触应力，提高车辆运行的横向稳定性和抗脱轨安全性。

大多数城市轨道交通车辆使用磨耗型踏面，各踏面形式如图 4-12 所示。

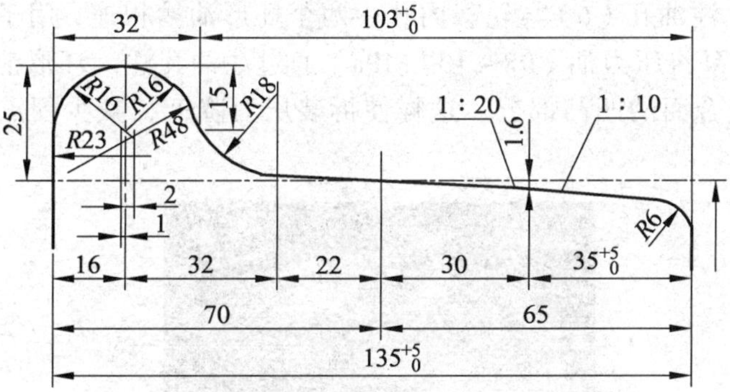

（a）锥形踏面

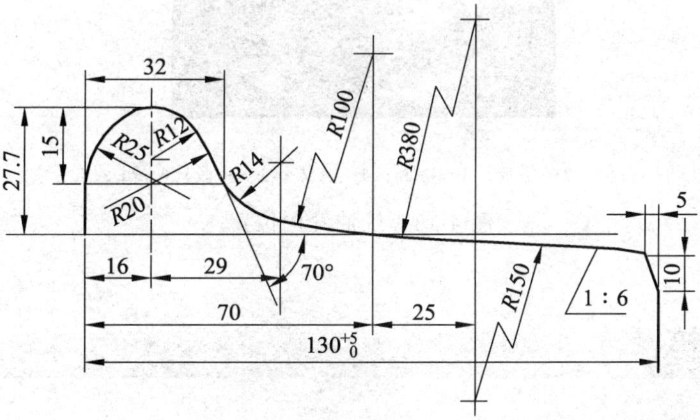

（b）磨耗型踏面

图 4-12　踏面形式

2）轮　径

由于车轮踏面有斜度，踏面各处的直径各不相同。根据国际铁路组织的规定，距车轮内侧 70 mm 处所测得的圆的直径为车轮的名义直径，简称轮径。

我国规定地铁车辆的车轮直径为 840 mm（新轮 840 mm，半磨耗轮为 805 mm，最大磨耗时为 770 mm）。新车同轴的两轮直径之差不得超过 1 mm，同一动车转向架各轮径之差不得超过 2 mm。

3）轮　缘

车轮内侧沿整个圆周突出的圆弧部分为轮缘。它是为保持车轮沿钢轨运行，防止脱轨的重要部分。

设置轮缘的原因如下：

（1）当车轮通过曲线时，常使轮缘紧靠外侧钢轨，此时，如果车轮受到较大的横向力，可能从轮缘外侧面爬上钢轨而脱轨。

（2）由于轮缘面有一定的斜度，尽管车轮有少量抬起，也会在车轮载荷 P 的作用下，顺着轮缘的斜坡滑至安全位置。

4）注油孔

如图 4-13 所示，注油孔（6）与轮毂内孔中两个环形油槽相连，用于在车轮和轮轴进行拆装时，先用压力油泵将压力油（98 ~ 137 MPa）通过注油孔注入环形油槽中，在配合面形成一层油膜并填平配合面的凹凸部分。这样使拆装压力降低，减少硬点接触，并使轴的表面不被拉伤。

1—轮辋；2—辐板；3—踏面；4—轮缘；5—轮毂；6—注油孔。

图 4-13　注油孔的位置

4.4　轴　箱

轴箱如图 4-14 所示。

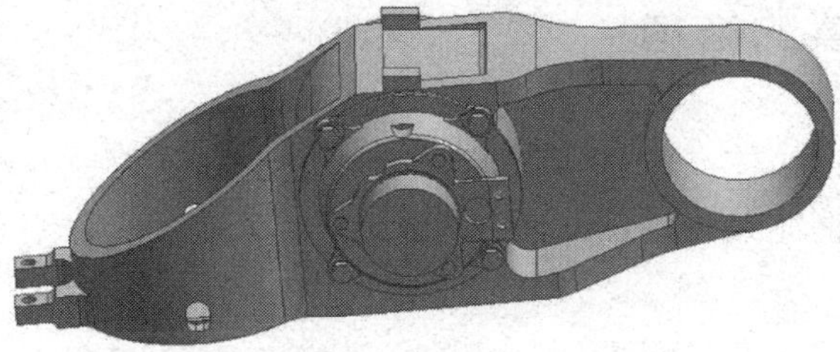

图 4-14　轴箱

4.4.1　轴箱的位置

动车和拖车转向架轮对的每个轴端均配有一套轴箱装置，轴承与轴颈过盈配合，轴箱体安装在轴承上，如图 4-15 所示。

图 4-15　轴箱的位置

4.4.2　轴箱的作用

轮对通过轴箱装置与构架相连。其作用如下：

（1）它是一系垂向减振器和一系螺旋弹簧的下部支撑，支撑转向架构架。

（2）用来将全部簧上载荷包括垂向动载荷传递给轮对，并将来自轮对的牵引力、制动力和冲击作用传到构架上。

（3）它还传递轮对与构架间的横向作用力和纵向作用力。

（4）通过轴承将车轮的滚动转化为车体的平动。

（5）保持轴承油脂，保证轴承良好的润滑性能，并具有良好的密封性，防止尘土、雨水等物侵入或油脂甩出，从而防止油脂润滑作用被破坏，避免燃轴事故。

4.4.3 轴箱装置的结构

（1）轴箱组装包括轴箱体、轴端附属装置、轴承、前端盖、外端盖、轴端压盖，如图 4-16 所示。轴箱轴承为整体式圆锥滚子轴承单元。

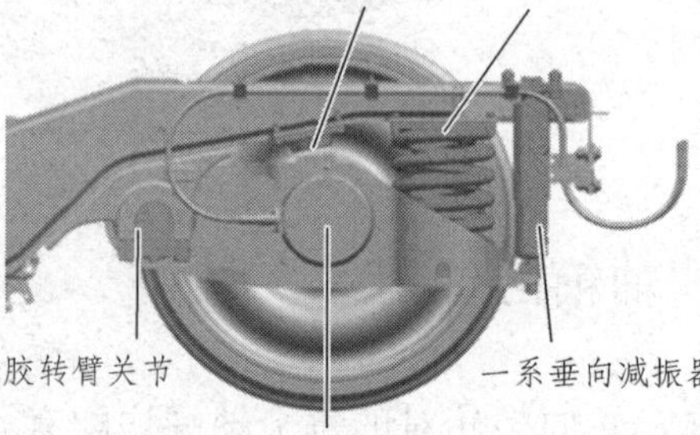

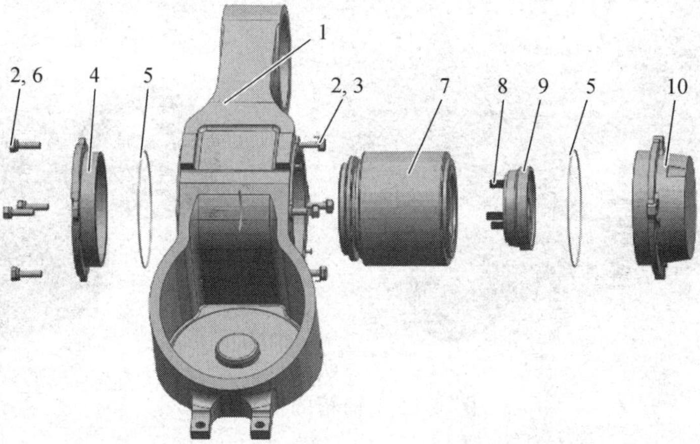

1—轴箱体；2，8—螺栓；3—防松垫片；4—外端盖；5—O 形圈；
6—垫片；7—轴承；9—轴端压盖；10—前端盖。

图 4-16 轴箱装置的结构

（2）整体式圆锥滚子轴承。

采用 SKF 标准的整体式圆锥滚子轴承，通过冷装装配到车轴上。圆锥滚子轴承整体轴承密封及润滑脂均由供货商在轴承装配时安装调整完毕。

4.4.4 轴端附属装置

轴端附属装置如图 4-17 ~ 图 4-20 所示。

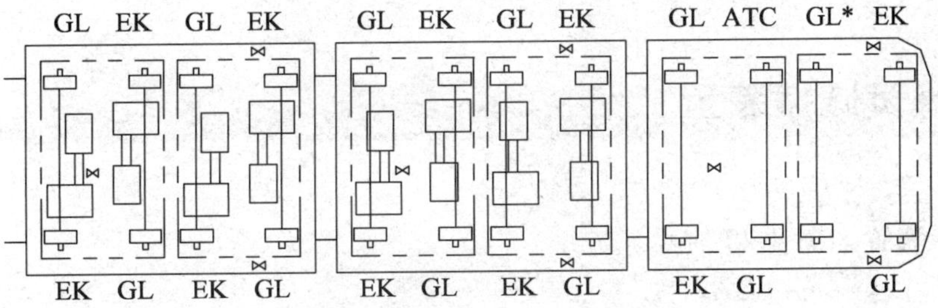

GL—BECU 速度传感器；EK—接地装置；GL*—BECU 双通道速度传感器；ATC—编码里程计。

图 4-17　轴端附属装置

图 4-18　速度传感器附件

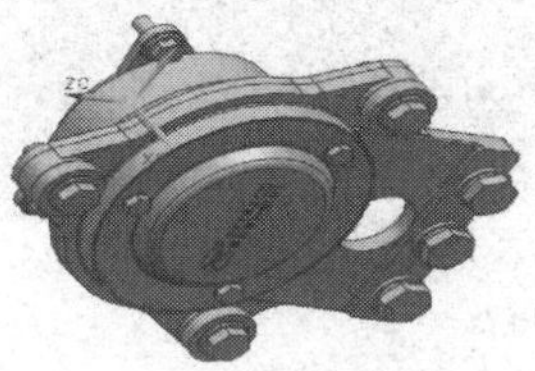

图 4-19　接地装置

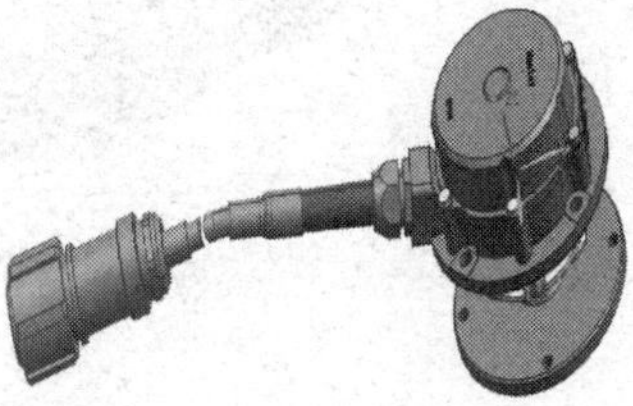

图 4-20　编码里程计

4.4.5　轴箱装置的工作原理

（1）轴箱体内的轴承内圈与车轴轴颈过盈配合；

（2）轴箱体轴承安装孔与轴承外圈为间隙配合；

（3）轴承由前端盖、外端盖、轴端压盖实现轴向定位；

（4）轴箱体转臂定位橡胶关节安装孔与转臂定位橡胶关节过盈配合；

（5）通过轮对中车轴轴颈、轴端压盖、轴承、前端盖、外端盖、轴箱体、转臂定位橡胶关节实现轮对与构架之间的横向和纵向定位；

（6）通过车轴轴颈、轴承、轴箱体、一系螺旋弹簧实现轮对和构架之间的垂向定位，如图 4-21 所示。

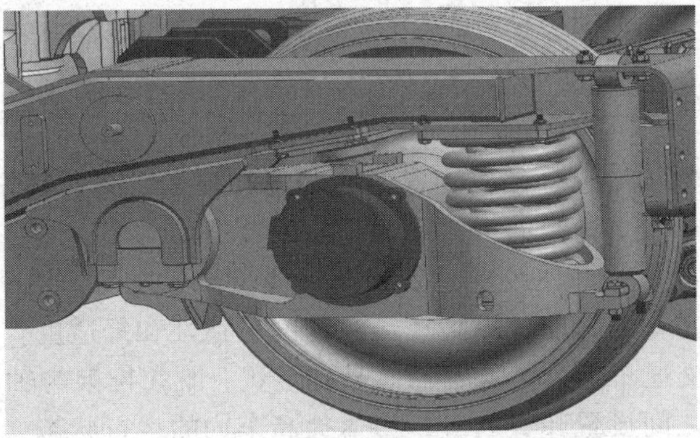

图 4-21　轴箱装置工作原理

4.5　弹簧减振装置

弹簧减振装置如图 4-22 所示。

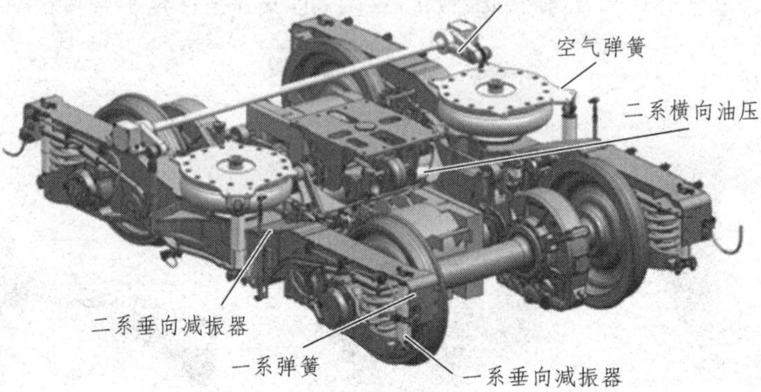

图 4-22　弹簧减振装置

4.5.1　弹簧悬挂

车辆在轨道上运行时，由于种种原因，导致车辆产生复杂的振动和冲击。为了提高车辆的平稳性，保证乘客的舒适度，必须设置弹簧减振装置。

1. 设置弹簧减振装置的原因

（1）线路的不平顺；
（2）轨缝；
（3）道岔；
（4）钢轨的磨耗和不均匀下沉；
（5）车轮擦伤、车轮不圆、轴径偏心。

2. 一系弹簧悬挂和二系弹簧悬挂

一系弹簧悬挂又称轴箱悬挂装置，安装在轴箱与构架之间。其作用是提供轴箱与构架之间的定位，并传递牵引力和制动力，缓冲车轮的冲击。

二系弹簧悬挂又称中央悬挂装置，安装在车体与构架之间，用于缓冲车体各个方向的冲击和振动，并控制车体的高度，提高车辆运行的平稳性和舒适度。

目前，城市轨道交通车辆大多采用二系悬挂装置，既在构架与轴箱之间设置弹簧装置，同时也在构架与轴箱之间设置弹簧装置，整体提高车辆的运行状态，如图 4-23 所示。

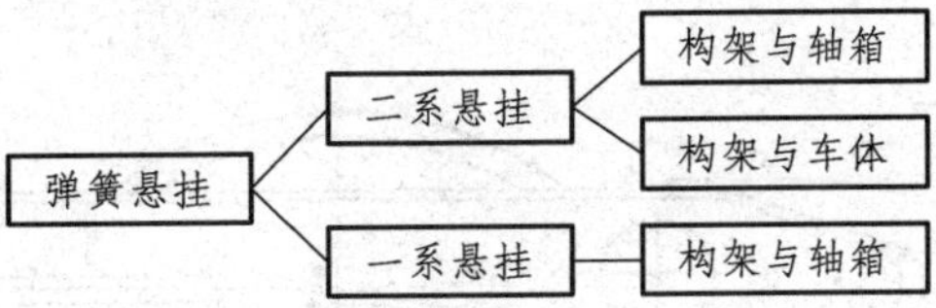

图 4-23　弹簧悬挂

3. 弹簧装置的作用

（1）缓冲作用，如轴箱弹簧和橡胶垫等。
（2）减振作用，如油压减振器、抗侧滚扭杆装置。
（3）定位作用，如横向止挡、垂向止挡等。

4.5.2　圆弹簧和橡胶垫

1. 圆弹簧的位置

每台转向架均配有 4 组一系悬挂装置，它们位于转向架构架侧梁端部的下方，采用内、外两圈并联圆弹簧（增加刚度）。圆弹簧质量小，运动灵活，无吸振能力，通常与减振器并联使用，如图 4-24 所示。

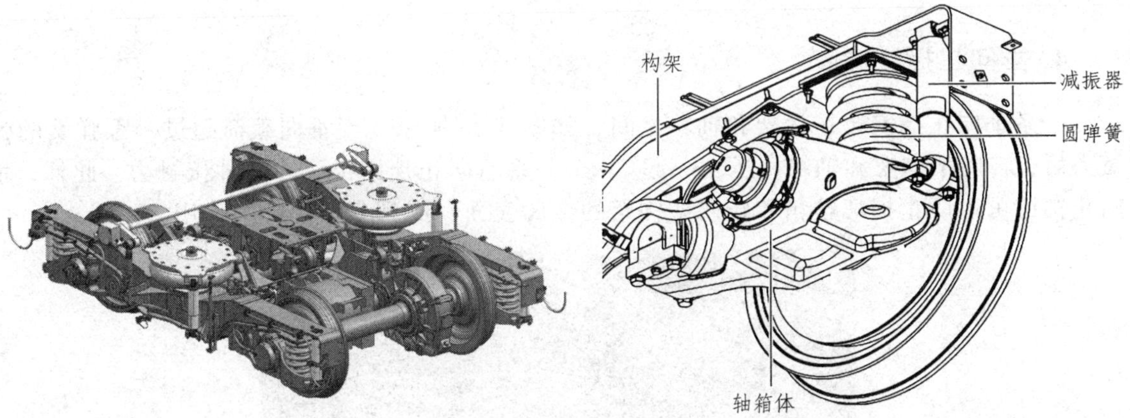

图 4-24　圆弹簧的位置

2. 圆弹簧与橡胶弹簧串联

位置：每个圆弹簧的下方设置橡胶弹簧，如图 4-25 所示。
作用：提供车辆的一系垂向刚度，承担垂向载荷。

3. 橡胶的特性

（1）可使弹簧能同时承受多个方向的载荷；
（2）安装、拆卸简便，不需润滑，利于维修，维修成本较低；

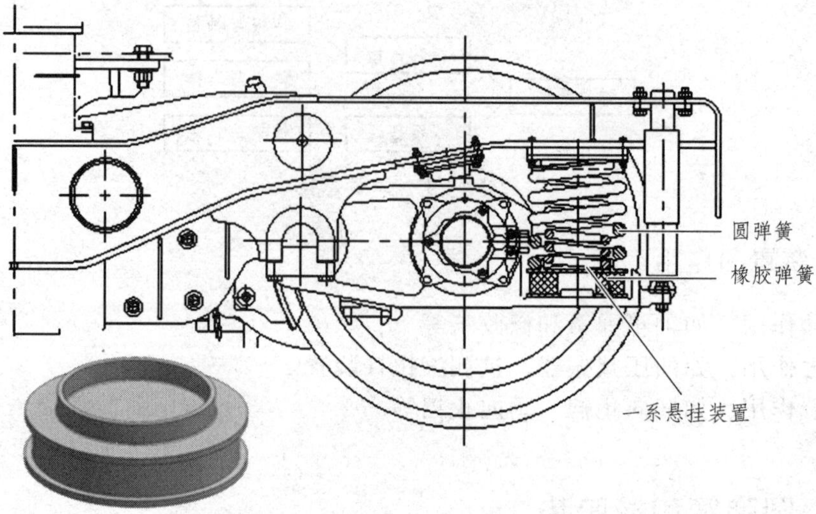

图 4-25 圆弹簧与橡胶弹簧串联

（3）橡胶密度小，可减轻自重；
（4）有较高的内阻，对高频振动的减振以及隔音性能有良好的效果；
（5）可得到较大的弹性变形；
（6）不耐高温，不耐低温，耐油性差；
（7）使用一段时间后容易老化。

4. 垂向止挡（橡胶）

一系垂向止挡安装在构架和轴箱之间，如图 4-26 所示。当垂向载荷超过一系弹簧的弹簧力后，转向架构架和轴箱将压在一起。4 个一系垂向止挡用于缓冲这种接触力。此外，垂向止挡还可以防止损坏轴箱和转向架构架的金属表面，起到安全保护的作用。

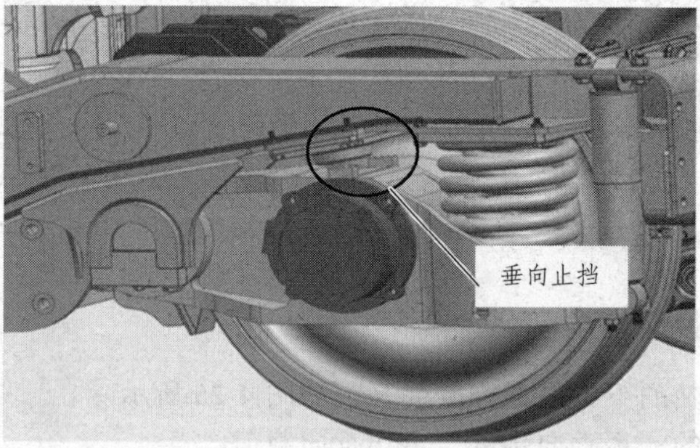

图 4-26 垂向止挡

4.5.3 油压减振器

油压减振器如图 4-27 所示。

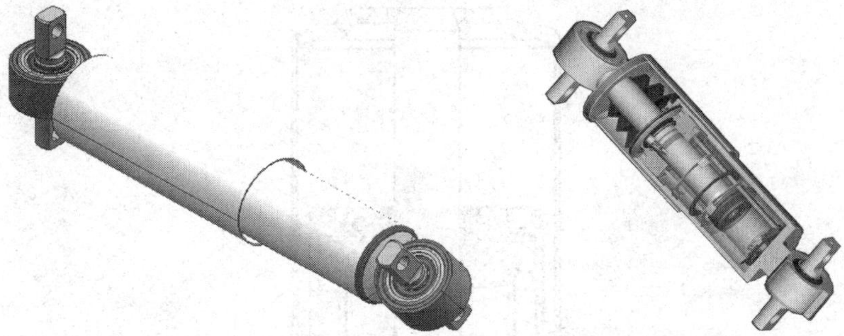

图 4-27　油压减振器

一系弹簧悬挂和二系弹簧悬挂都采用油压减振器作为减振元件。弹簧仅起到缓和振动的作用，减振器可起到衰减振动的作用。

1. 油压减振器的位置

每台转向架都装有四个一系垂向减振器、两个二系垂向减振器和一个二系横向减振器，如图 4-28 所示。减振器用于减小垂直和水平方向上的摆动和振动。

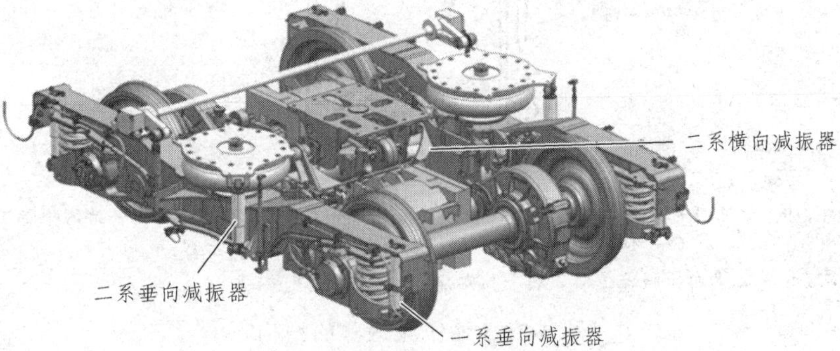

图 4-28　油压减振器的位置

一系垂向减振器与一系悬挂系统的螺旋弹簧并行布置，用于减小各轮对的垂向运动，从而保证轮对的平行。此外，一系垂向减振器还可用作上升止挡，实现脱轨和复轨时车体的小量提升。

二系垂向减振器与二系悬挂系统的气囊并行布置，用来提高列车的运行质量。

二系横向减振器用于减少车体的横向运动。

拖车转向架和动车转向架的减振器布置完全相同。

2. 油压减振器的结构

减振器主要由以下零件组成：压力油缸、活塞、活塞杆、保护管、带焊接底座的油缸管、基座阀门、活塞杆导引装置、活塞环、活塞杆密封、O 形圈、垫圈，如图 4-29 所示。

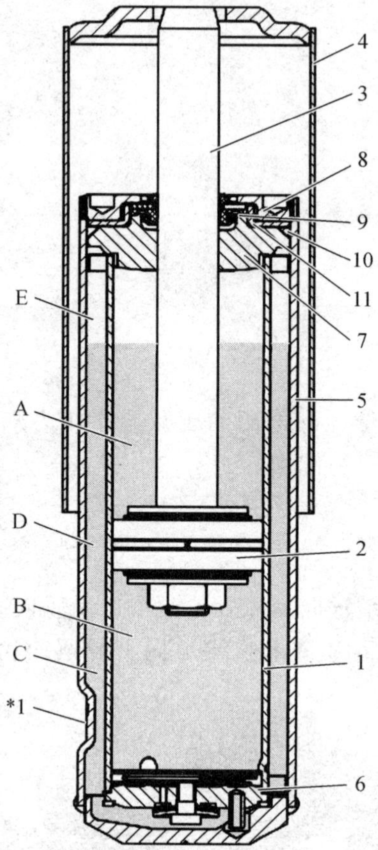

1—压力油缸；2—活塞；3—活塞杆；4—保护管；5—油缸管及其焊接基座；6—基座阀门；7—活塞杆导引装置；8—活塞环；9—活塞杆密封；10—O 形圈；11—垫圈；A—活塞上部工作室；B—活塞下部工作室；C—环形储油室；D—储油室下部；E—储油室上部。

注：*1 在最终安装位置（横向减振器）必须朝下放置。

图 4-29　油压减振器的结构

3. 油压减振器的工作原理

活塞（2）将压力油缸（1）分为活塞上部工作室（A）和活塞下部工作室（B)。在往复运动时，例如当活塞杆（3）伸开处于压缩冲程时，阻尼力是由活塞上部工作室（A）与活塞下部工作室（B）之间的压差产生的。工作室中的压力大小根据活塞的运动速度和气流阻力进行自动调节，而气流阻力是由活塞（2）上的阀门和基座阀门（6）来控制的。

当活塞（2）运动时，阻尼液（油）流入/流出环形储油室（C)，在储油室上部（E）有空气，下部（D）有油。这样，当阻尼器运转时就会产生类似水泵的动作，它是由活塞杆（3）容积的位移效应导致的，并由活塞（2）和基座阀门（6）进行控制。

当活塞（2）伸出（拉伸冲程）时，与伸出的活塞杆的容积对应的一定量的油，通过基座阀门（6）上的进口阀门，从环形储油室（C）中被吸出。当活塞（3）向内运动（压缩冲程）时，与活塞杆的容积对应的一定量的油，通过基座阀门（6）上的压力阀门，流回环形储油室（C)。

基座阀门（6）的设置使它上面的压力差总是大于活塞压力阀门上的压力差。这样可以保证活塞上部工作室的压力总是大于环形储油室（C）的压力，即便在压缩冲程也是如此。因此可防止空气从活塞杆（3）和活塞杆导引装置（7）之间的间隙进入。其工作原理如图 4-30 所示。

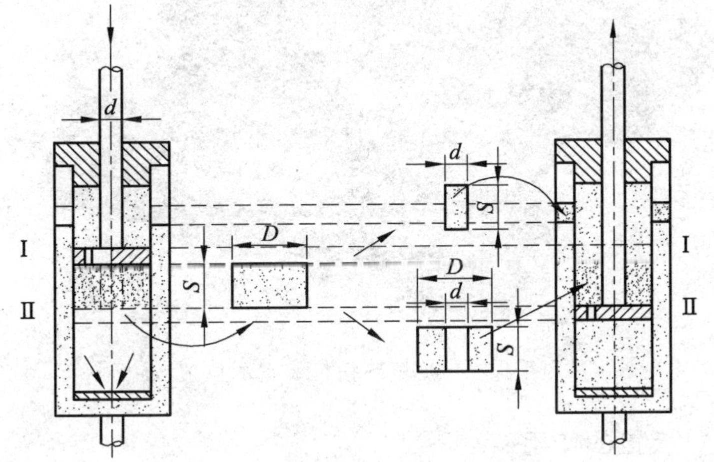

图 4-30　油压减振器工作原理

4.5.4　抗侧滚扭杆装置

抗侧滚扭杆装置如图 4-31 所示。

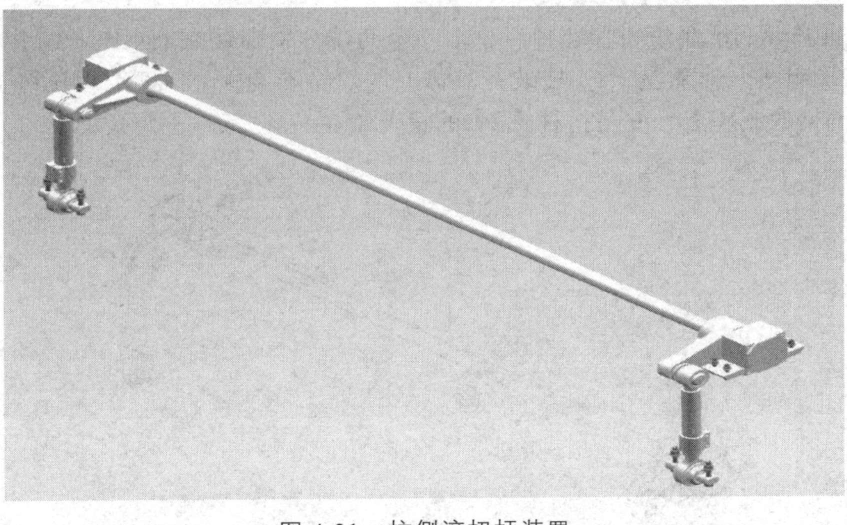

图 4-31　抗侧滚扭杆装置

1. 抗侧滚扭杆装置的位置

每个转向架上均装有一个抗侧滚扭杆装置，拖车转向架和动车转向架上抗侧滚扭杆装置的布置完全相同。抗侧滚扭杆装置横穿过转向架的横梁，安装在车体与构架之间，如图 4-32 所示。

图 4-32　抗侧滚扭杆装置的位置

2. 抗侧滚扭杆装置的作用

抗侧滚扭杆装置在车体和转向架构架间起作用，限制车体相对于转向架的侧滚运动，以提高车辆运行的平稳性和舒适性。

3. 抗侧滚扭杆装置的结构

1）结　构

如图 4-33 所示，抗侧滚扭杆装置主要由一个两端分别安装在轴承座（3）内的橡胶撑套上的扭杆（2）组成。轴承座（3）安装在车体上的焊接安装座上。两个拉压杆（1）安装在转向架构架侧梁的支座上，并与扭杆（2）的扭臂装在一起。

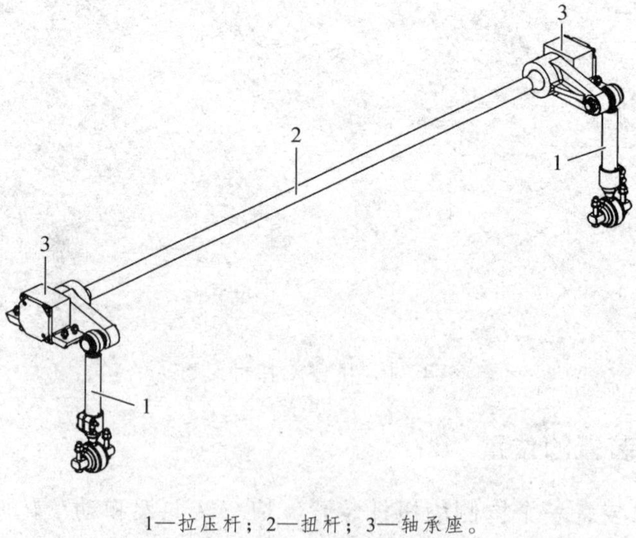

1—拉压杆；2—扭杆；3—轴承座。

图 4-33　抗侧滚扭杆装置的结构

2）工作原理

抗侧滚扭杆装置采用作用力与反作用力原理。当车体侧滚、上下摆动时，转臂摆动，带动扭杆在扭矩作用下变形。扭杆产生的恢复原形的反扭矩是平衡车体侧滚的扭矩。

4.5.5 空气弹簧系统

空气弹簧系统由两个空气弹簧、两个高度阀、差压阀和两个附加空气室通过管路连接而成。空气弹簧系统是转向架构架与枕梁之间的悬挂装置，确保车辆高度保持不变。

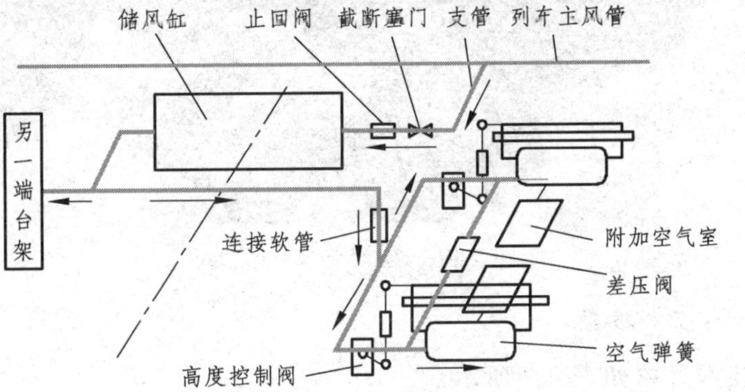

图 4-34　空气弹簧系统组成

1. 空气弹簧

空气弹簧如图 4-35 所示。

图 4-35　空气弹簧

1）空气弹簧的位置

每台转向架均配有一组二系悬挂装置，包括右侧空气弹簧、左侧空气弹簧和两个二系垂向减振器，它们位于转向架构架与车体之间，如图 4-36 所示。右侧空气弹簧和左侧空气弹簧用作车体与转向架之间的悬挂组件，均支撑并传递垂向载荷以及较小的横向载荷。它们也可以承受由不同载荷状况引起的车体与转向架之间的相对运动。

图 4-36 空气弹簧的位置

2）空气弹簧的技术参数

空气弹簧的技术参数如表 4-2 所示。

表 4-2 空气弹簧的技术参数

质量（一个空气弹簧）	约 105 kg
材料	钢、铝、聚四氟乙烯（PTFE）、橡胶和纺织品
顶板直径	650 mm
气囊最大直径	680 mm

3）空气弹簧的特点

空气弹簧是将压缩空气密封在橡胶膜中形成具有一定刚度的弹性体，并利用气体的可压缩性实现其弹簧作用。

这种弹簧的刚度是可变的。因为作用在弹簧上的载荷增加时，容器内的定量气体气压升高，弹簧的刚度增大。反之，当载荷减小时，弹簧内的气压下降，刚度减小，故它具有较理想的弹性特性。

空气弹簧与紧急弹簧串联工作，确保在不同的载荷条件下达到较高的乘客舒适度水平。

4）空气弹簧的结构

空气弹簧由气囊、紧急弹簧、顶板和底板等组成。其结构如图 4-37 所示。

（1）紧急弹簧的作用。

① 在正常运行条件下（气囊 4 充气），紧急弹簧（1）帮助气囊（4）应对转向架的转动，这种转动对气囊（4）的损害是最大的。

② 如果气囊（4）或其供风系统存在问题，车体会降至紧急弹簧（1）的滑板（10）上。此时系统功能仅由紧急弹簧（1）实现。

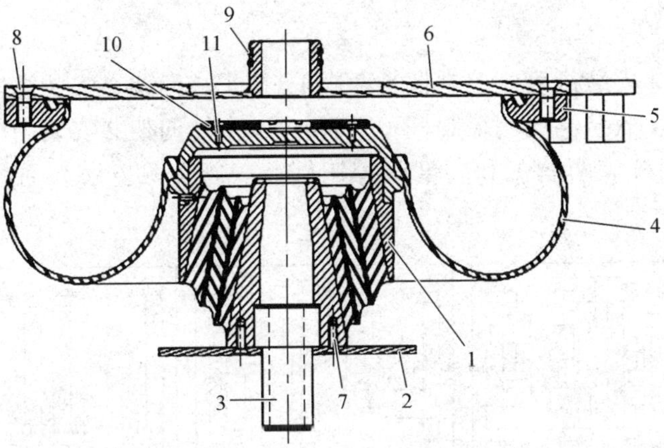

1—紧急弹簧；2—底板；3—销钉；4—气囊；5—环；6—顶板；7—螺钉（扭矩 70 N·m）；
8—螺钉（扭矩 180 N·m）；9—O 形圈；10—滑板；11—螺钉。

图 4-37 空气弹簧的结构

（2）调整垫片的作用。

① 紧急弹簧的蠕变导致车体高度降低。

② 车轮踏面磨耗导致车体高度降低。

通过在紧急弹簧下方的底板下增加调整垫片，可以调整车体的高度。

2. 高度调节控制装置

1）高度调节杆的结构

高度调节杆的结构如图 4-38 所示。

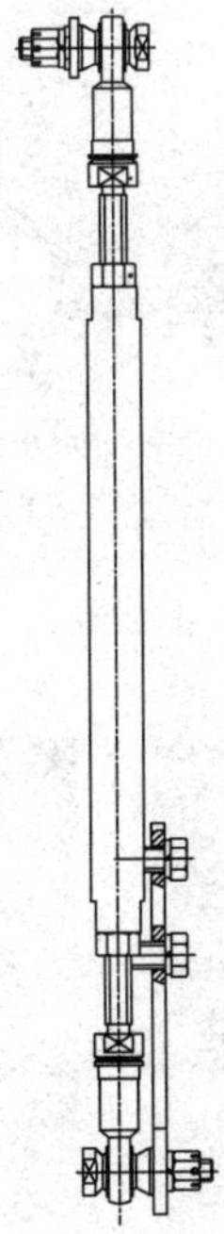

图 4-38 高度调节杆的结构

2）高度调节杆的安装位置

（1）拖车转向架 1 安装高度阀控制杆（两阀），拖车转向架 2 安装高度阀控制杆（一阀）。

（2）动车转向架 1 安装高度阀控制杆（两阀），动车转向架 2 安装高度阀控制杆（一阀）。

（3）高度阀控制杆（两阀）和高度阀控制杆（一阀）除安装位置不一样外，结构完全一样，如图 4-39 所示。

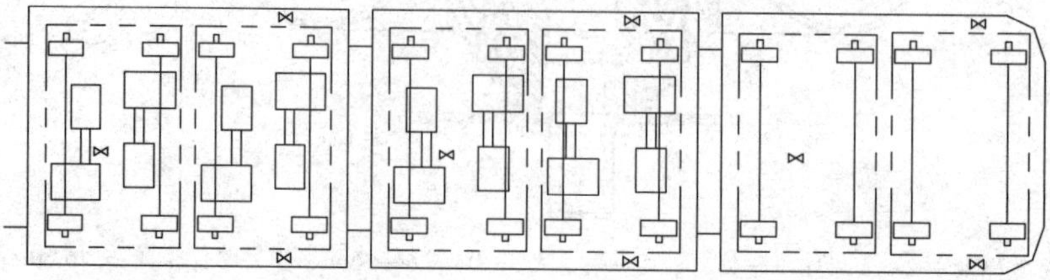

⋈：高度阀。

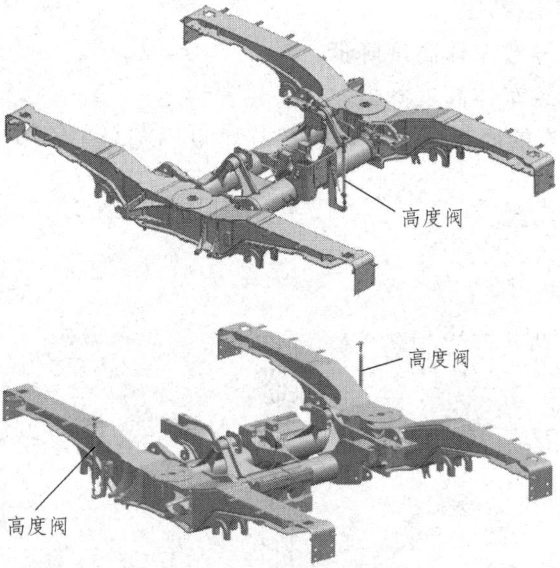

图 4-39　高度阀的安装位置

3）高度阀的结构

高度阀的结构如图 4-40 所示。

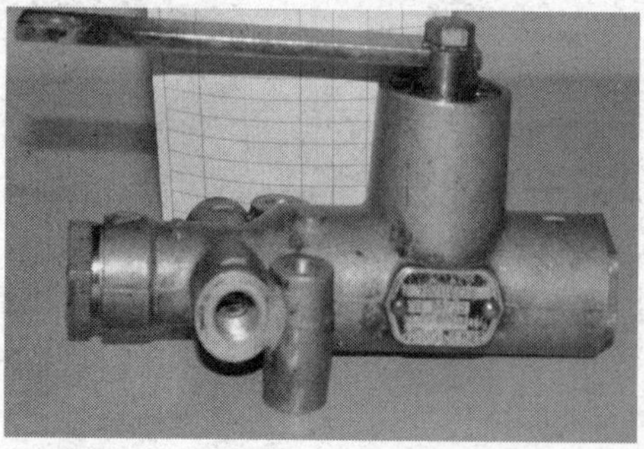

图 4-40 高度阀的结构

3. 空气弹簧与高度调节控制装置联合工作原理

（1）当车体位于正常高度时，空气弹簧中没有压缩空气进入或放出。

（2）当乘客进入车辆，由于载荷增加车体便会下沉，带动操纵杆打开高度调整阀的进气阀，使压缩空气从风缸进入空气弹簧气囊内。

（3）当乘客离开车辆，由于载荷减轻车体便会上升，带动操纵杆打开高度调整阀的出气阀，空气弹簧气囊和风缸之间的连接中断并排气，从而使车体高度降至原位并通过高度阀控制杆使操纵杆恢复至末端位置而关闭高度调整阀的出气阀。

其工作原理如图 4-41 所示。

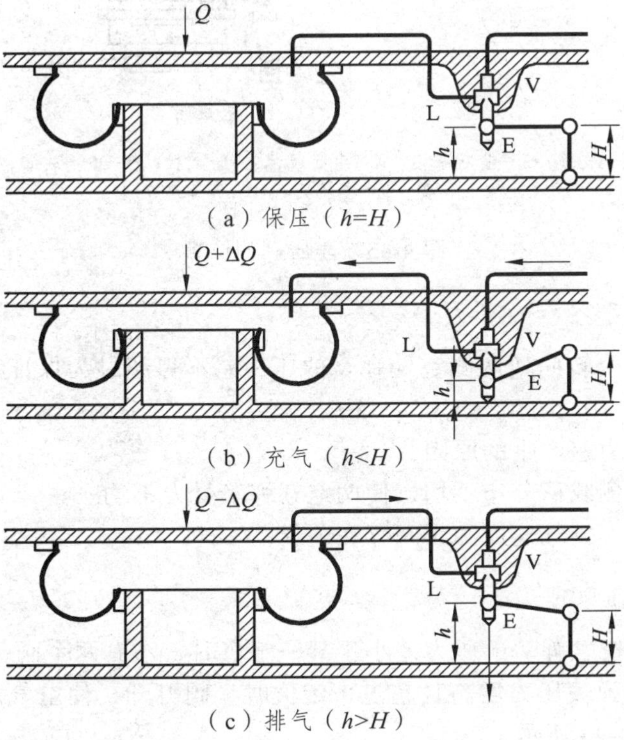

图 4-41 空气弹簧与高度调节控制装置联合工作原理

4. 差压阀

1）差压阀的结构和位置

差压阀的结构和位置如图 4-42 和图 4-43 所示。

图 4-42　差压阀的结构

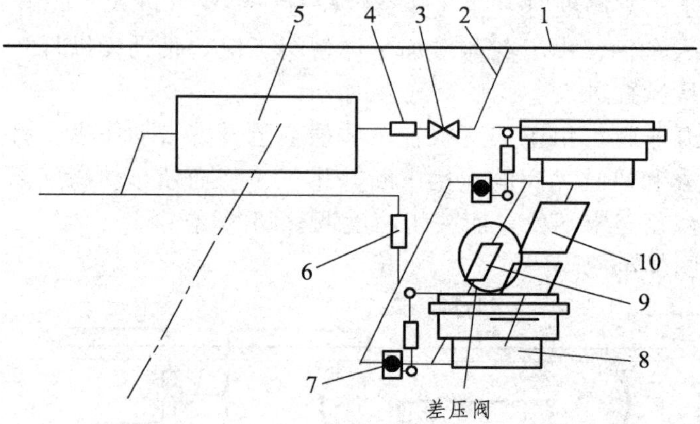

1—列车主风管；2—支管；3—截断塞门；4—止回阀；5—储风缸；6—连接软管；7—高度控制阀；8—空气弹簧；9—差压阀；10—附加空气室。

图 4-43　差压阀的位置

2）差压阀的作用

差压阀是保证一个转向架两侧空气弹簧的压力差不得超过为保证行车安全规定的某一定值。

两侧空气弹簧压力差产生的原因：

（1）车体左右两侧载荷分布不均，使两空气弹簧受力不均。

（2）空气弹簧进、排气速度和时间存在差异。

3）差压阀的工作原理

（1）当左右两侧空气弹簧的压力差小于某一定值时，左右两个阀都处于关闭状态。

（2）当左、右侧弹簧压力增高且超过该定值时，阀打开，使空气从左侧（右侧）流向右侧（左侧），如图 4-44 所示。

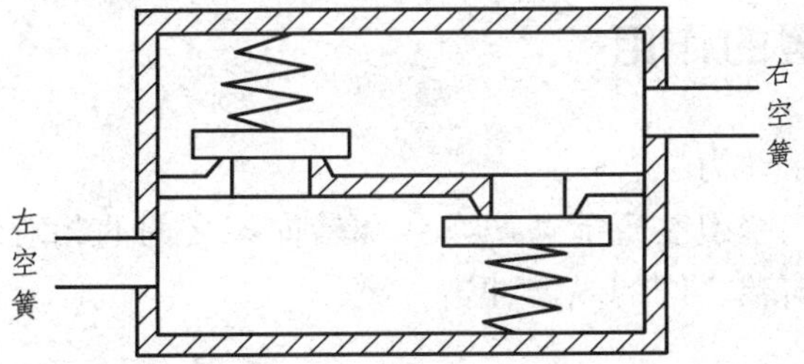

图 4-44　差压阀的工作原理

4.6　牵引装置

牵引装置如图 4-45 所示。

图 4-45　牵引装置

4.6.1　牵引装置的位置

拖车转向架和动车转向架的牵引装置布置完全相同。牵引装置的牵引杆安装在构架的横梁上，牵引座安装在车体上，如图 4-46 所示。

图 4-46　牵引装置的位置

4.6.2 牵引装置的作用

（1）传递牵引力和制动力；
（2）车辆过曲线时，牵引装置能适应车体和转向架之间的相对运动；
（3）承受车体和转向架之间的纵向冲击。

4.6.3 牵引装置的结构

牵引装置由牵引杆组装、牵引座等组成。

1）牵引杆组装

牵引杆组装由一根牵引杆和两个牵引橡胶关节构成，如图 4-47 所示。它是一个推拉杆，一端安装在构架横梁上的牵引杆安装座上，另一端安装在牵引座上。

1—牵引杆；2—牵引橡胶关节。

图 4-47 牵引杆组装

2）牵引座

牵引座连接着牵引杆组装和车体，具有传递制动力和牵引力的功能，为牵引杆组装、二系横向减振器、整体起吊装置等提供安装孔，如图 4-48 所示。

图 4-48 牵引座

4.7 横向止挡

横向止挡如图 4-49 所示。

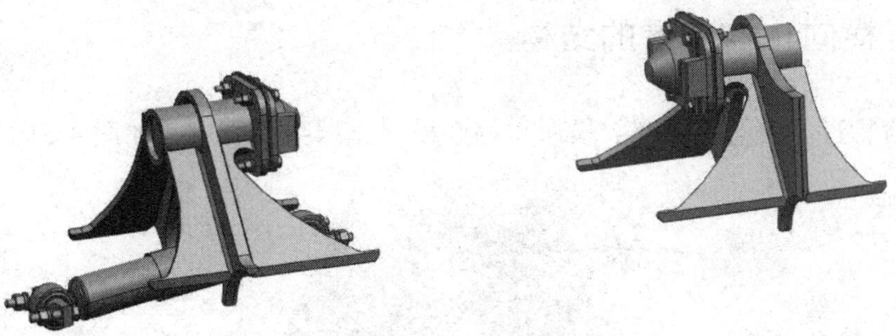

图 4-49　横向止挡

4.7.1　横向止挡的位置

拖车转向架和动车转向架的横向止挡的布置完全相同，如图 4-50 所示。

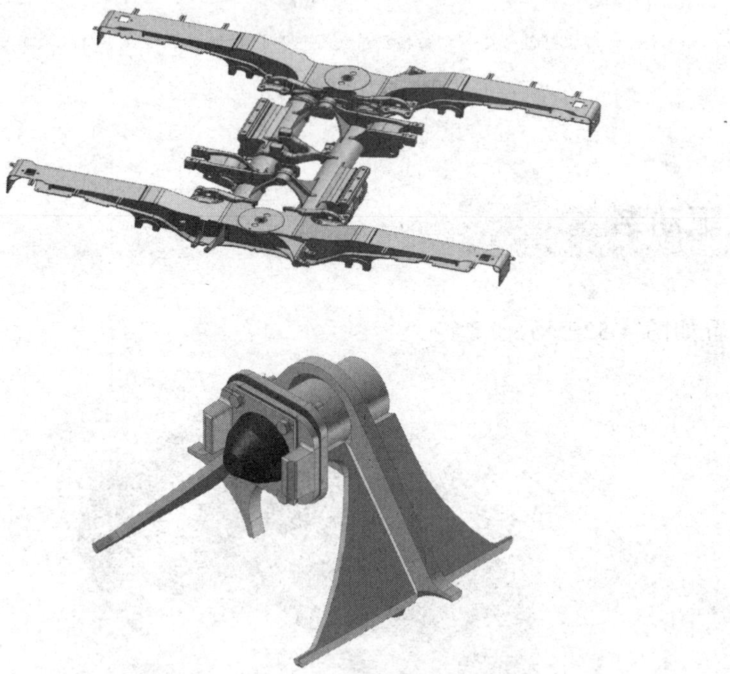

图 4-50　横向止挡的位置

4.7.2　横向止挡的作用

（1）横向止挡用于缓冲车体和转向架之间的横向冲击；

（2）限制车体和转向架之间的横向位移。

牵引装置在转向架中央部位，当车体与转向架之间存在大的横向位移时，牵引座即与横向止挡接触。横向止挡装置与牵引座之间设置自由间隙和弹性间隙，从而限制车体与转向架之间的横向位移。

4.7.3 横向止挡装置的结构

横向止挡装置由横向止挡座、横向止挡和横向止挡垫片组成，如图 4-51 所示。

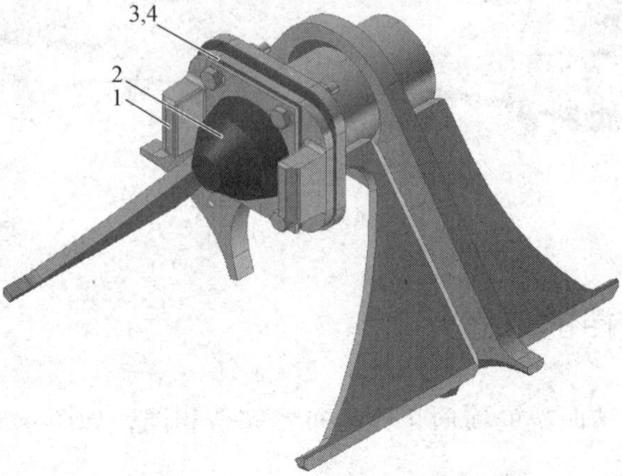

1—横向止挡座；2—二系横向止挡；3—横向缓冲器垫片；4—构架侧梁。

图 4-51 横向止挡装置

4.8 驱动装置

驱动装置如图 4-52 所示。

图 4-52 驱动装置

4.8.1 驱动装置的位置

每个动车转向架的驱动装置由两个齿轮箱、两个牵引电机和两个联轴节组成。牵引电机通过螺栓刚性地悬挂在转向架构架上，齿轮箱一端通过滚动轴承悬挂在车轴上，另一端通过齿轮箱吊杆弹性地悬挂在转向架构架上。

驱动装置的电机和齿轮箱在转向架上安装后，再将两个半联轴节连接起来，即形成一个完整的驱动单元。

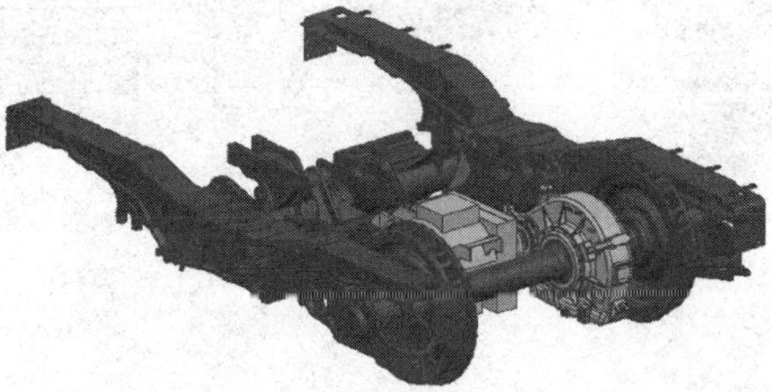

图 4-53　驱动装置的位置

4.8.2　驱动装置的作用

驱动装置的作用是将电能变成机械能，电机的输出转矩和运动通过联轴节、齿轮箱传递给车轴，从而实现车辆的牵引与制动。

4.8.3　驱动装置的结构

1. 电机的悬挂

牵引电机的布置形式直接影响到转向架的动力性能。根据牵引电机在转向架上的悬挂方式不同，电机的悬挂方式可以分为轴悬式、架悬式和体悬式。我国地铁普遍采用的是架悬式的电机悬挂方式，如图 4-54 所示。

图 4-54　电机的悬挂

2. 联轴节

我国地铁普遍采用大变位联轴节。它的作用是连接牵引电机轴与小齿轮轴。它能保证牵引电机轴和小齿轮轴在产生偏移时，仍然能够传递电机转矩，如图 4-55 所示。

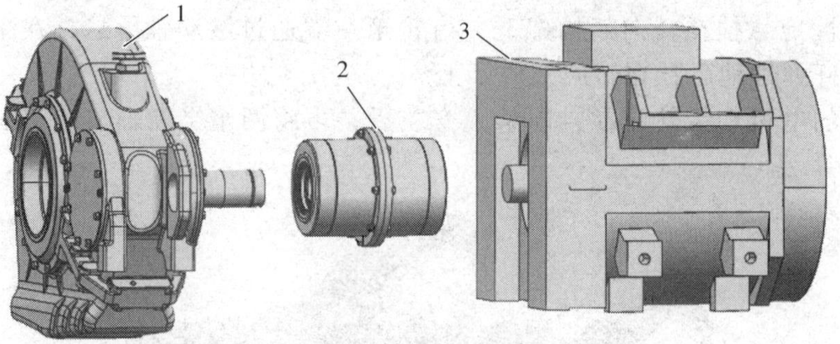

1—齿轮箱；2—联轴节；3—牵引电机。

图 4-55　联轴节

3. 齿轮箱

牵引电机输出的转矩、转速通过齿形联轴节后，传递给齿轮箱的主动齿轮，并通过轮齿啮合再传递给从动齿轮，从而驱动轮对使列车前进。

齿轮箱一端通过滚动轴承悬挂在车轴上，另一端通过齿轮箱吊杆弹性地悬挂在转向架构架上。

齿轮箱的结构包含有一对啮合的减速齿轮、上下分体的齿轮箱及轴承。

齿轮箱的下箱体为油箱，具有良好的润滑功能，保证齿轮箱的正常工作。通过观察孔可快速而可靠地检查齿轮箱中的油量。

齿轮箱采用迷宫式密封件，以防止漏油及灰尘和水的进入。

齿轮箱的结构如图 4-56 所示。

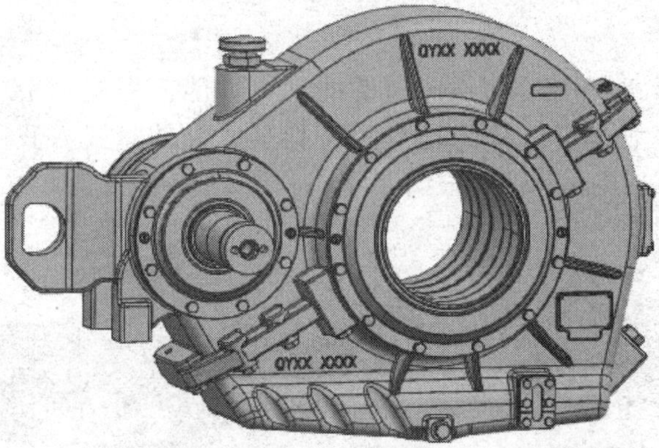

图 4-56　齿轮箱

4.9　轮缘润滑装置

轮缘润滑装置如图 4-57 所示。

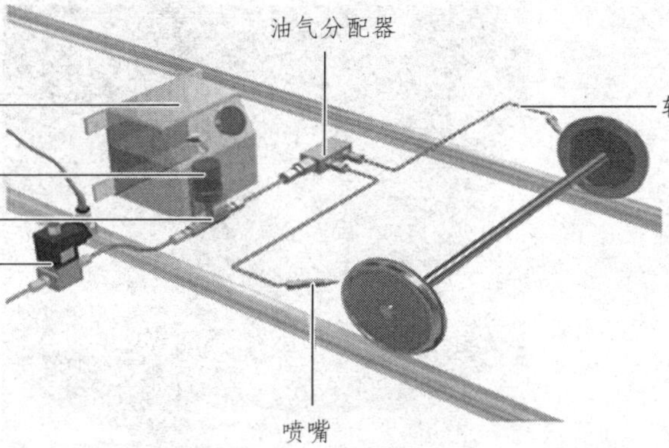

图 4-57　轮缘润滑装置

4.9.1　轮缘润滑装置的位置

轮缘润滑装置主要包括喷嘴、分配器、电控箱、油箱、弯道传感器、二位二通电磁阀等部件。其中，电控箱、油箱、电磁阀安装于车体底架上，弯道传感器安装于电控箱内，喷嘴、分配器安装于转向架上。

4.9.2　轮缘润滑装置的作用

轮缘润滑装置的作用是减少轮缘和轨道的磨损，并起到一定的降噪效果。

列车首尾第一个转向架车轮上安装轮缘润滑装置，第一对轮缘得到润滑后，通过接触，轨道也得到了润滑剂，轨道上的润滑剂又会传到后面的车轮上。

轮缘润滑装置可以有效地降低车轮和轨道之间的干摩擦，使得车轮轮缘的使用寿命比未使用润滑时延长数倍。

4.9.3　轮缘润滑装置的结构

1. 油　箱

油箱由铸铝制成，容积为 5 L。气动泵安装在油箱内。油箱安装在车体底架右侧。注油通过油泵或漏斗完成，如图 4-58 所示。

2. 电磁阀

泵的喷射和吸入过程由二位二通电磁阀控制。

3. 控制箱

系统采用以时间控制为基础的时间弯道混合控制模式。

图 4-58　油箱

控制盒安装在车体底架左侧，如图 4-59 所示。

图 4-59　控制箱

（1）当采用时间控制方式时，列车速度大于 5 km/h，系统按照设定的时间间隔工作。如每间隔 60 s，电磁阀得电 6 s，气动泵工作，喷嘴喷油 6 s（参数可调）；当列车速度不大于 5 km/h 时，系统停止工作。

（2）当采用弯道控制模式时，列车速度大于 5 km/h，系统按照设定的时间间隔工作。弯道传感器在车辆倾角大于 2°或车辆横向加速度大于 0.35 m/s^2 时，检测出弯道信号，系统切换到弯道模式。如每间隔 2 s，电磁阀得电 6 s，气动泵工作，喷嘴喷油 6 s（参数可调）；当列车驶出弯道，系统结束弯道模式；当列车速度不大于 5 km/h 时，系统停止工作。

4. 喷　嘴

喷嘴的作用是通过压缩气体的作用使从管路出来的润滑剂准确高速地喷到轮缘上。喷嘴安装在转向架的侧梁安装座上，如图 4-60 所示。

5. 油气分离器

油气分离器的作用是精确快速地将油气导向两个喷嘴。油气分离器安装在转向架横梁上，如图 4-61 所示。

图 4-60　喷嘴

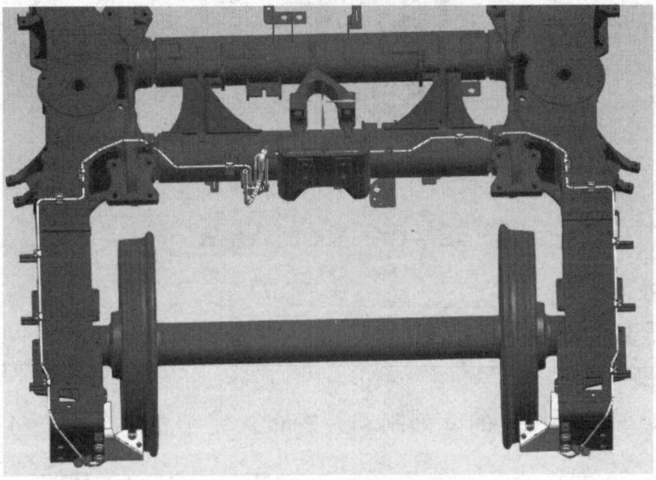

图 4-61　油气分离器的位置

4.9.4　轮缘润滑装置的工作原理

1. 控制部分

当地铁车辆速度大于 5 km/h 时，倾角大于 2°（如果倾角传感器处于 OFF 时，仅执行直线喷油功能）或者直线走了 30 s，轮缘润滑系统被激活，电气控制系统内计时器按已调整好的工作时间间隔控制轮缘润滑装置进行工作。比如将工作间隔时间设置为 30 s 后喷 6 s 约 0.1 mg 的润滑油。如果倾角模式打开（ON），则 5 s 后喷 6 s 约 0.1 mg 的润滑油。

2. 喷射部分

通过电磁阀的压缩空气一路通往油箱驱动气动泵工作，另一路同时送到油气混合块。随后油箱内的气动泵在压缩空气的作用下准确地运行一个行程并将定量轮缘润滑剂（大约 0.25 mL）送至油气混合块。在混合块中，借助流动的紊流状压缩空气的作用，润滑剂和压缩空气形成油气混合物并沿管壁送至油气分配器，在此又分两路分别通过软管输送到两个喷嘴，并最终喷射在轮对轮缘根部。

4.10 基础制动装置

基础制动装置如图 4-62 所示。

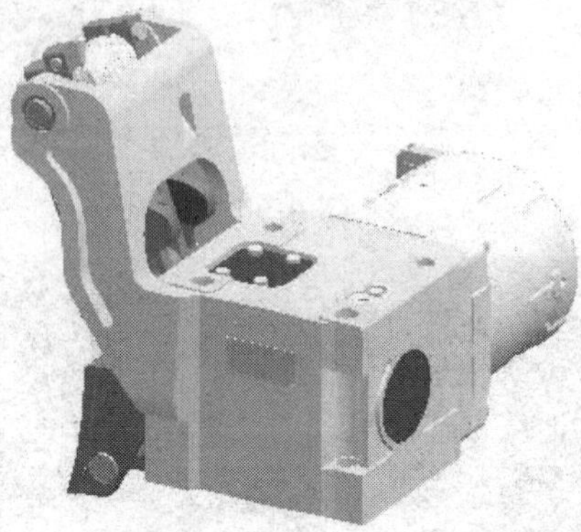

图 4-62 基础制动装置

4.10.1 基础制动装置的位置

拖车转向架和动车转向架上的基础制动装置布置完全相同，如图 4-63 所示。

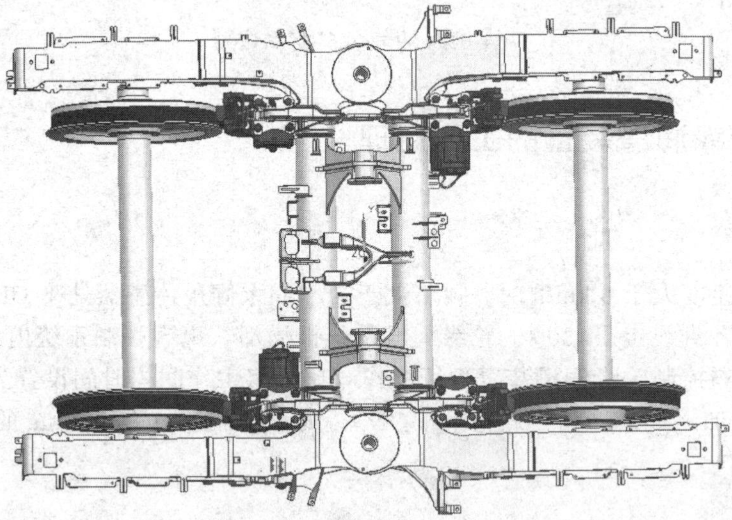

图 4-63 基础制动装置的位置

车辆制动系统是使车辆减速和停车的系统，是保证列车安全行车的重要系统之一。而基础制动装置是制动系统的执行装置，负责空气制动的施加和缓解。

城轨车辆基础制动装置普遍采用单元制动器。单元制动器将制动缸传递结构、闸瓦间隙调整器以及悬挂装置连接在一起，如图 4-64 所示。

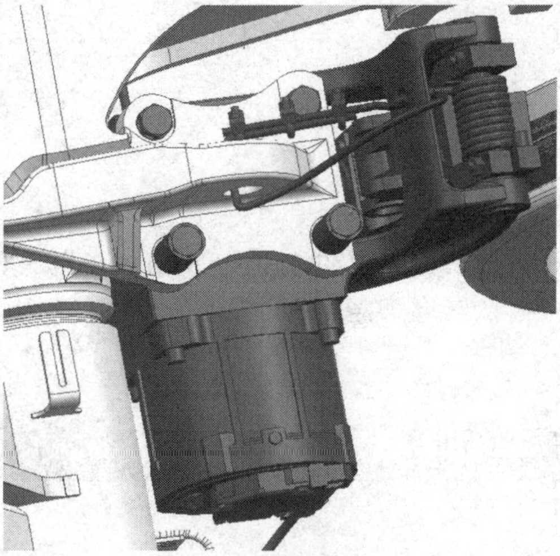

图 4-64　单元制动器

每个转向架上安装有 4 个单元制动器，即每个车轮安装一个单元制动器。基础制动装置分为带停放制动和不带停放制动两种形式。

4.10.2　基础制动装置的工作原理

1. 空气制动施加

从中继阀过来的压缩空气进入常用制动气缸推动活塞运动，并经机构、闸瓦间隙调节装置、闸瓦托将制动闸瓦推向车轮踏面，闸瓦压紧在踏面上，空气制动施加。

2. 空气制动缓解

压缩空气经中继阀排除，气缸压力下降，活塞在复位弹簧的作用下复位，闸瓦离开踏面，空气制动缓解。

4.11　转向架部件认知实训

1. 实训任务

手指、口呼，识别转向架各部件名称。

2. 实训目标

（1）识别转向架各部件名称，描述各部件的功能。
（2）能指认转向架力的传递路径。
（3）根据要求，随意指认转向架各部件。

3. 实训准备

转向架一台。

4. 实训过程

（1）实训：手指、口呼指认转向架部件名称，并描述各部件的功能。
（2）考核：根据题目，指认转向架各部件。

4.12 轮对的测量实训

1. 实训任务

用专用量具测量轮对的尺寸。

2. 实训目标

（1）认知轮对各部件。
（2）学会使用专用量具测量轮对的尺寸。

3. 实训准备

转向架（轮对）、第四种检查器、车轮踏面样板、车辆轮径尺、内距尺。

4. 实训过程

（1）实训：使用专用量具测量轮对各尺寸。
（2）考核：抽查。
轮对测量工艺卡见表 4-3 ~ 表 4-6。

表 4-3 车辆车轮第四种检查器测量工艺卡

适用范围	城市轨道交通车辆	作业项目	第四种检查器 测量车轮参数	编写人	
项目简介	本实训使用的量具有第四种检查器、轮径尺、内矩尺、车轮踏面样板。通过使用专用量具对轮对进行测量，熟悉轮对的结构，掌握轮对的技术参数；掌握量具的测量方法；掌握量具的读数与取值方法				
条件、设备	城轨车辆转向架、第四种检查器（LM32 型）、秒表 8 块、轮径尺、内矩尺、车轮踏面样板				
工具、计量工器具、材料	手套、手电、棉纱等				

<table>
<tr><td>城轨车辆轮对主要技术参数</td><td>轮缘高度：27 ~ 34 mm；
轮缘厚度：23 ~ 34 mm（±0.1 mm）；
轮缘垂直磨耗到限：
踏面磨耗：0 ~ 10 mm；
轮辋宽度：70 ~ 145 mm；
轮辋厚度：0 ~ 70 mm；
踏面擦伤深度：5 ~ 10 mm；
踏面擦伤长度：0 ~ 75 mm</td></tr>
<tr><td>安全、注意要点</td><td>（1）钻入车底测量转向架轮对的过程中，注意头顶不要碰到车底，脚下不要被钢轨绊倒。
（2）在检查过程中，戴好手套，以免刮伤手。
（3）一人测量，另一人帮助记录数据，测量者计算平均值</td></tr>
<tr><td>时间要求</td><td>时间 6 min，超时 1 min 为不及格</td></tr>
<tr><td colspan="2">认识检查器的结构：
使用量具前，必须检查所有量具有检验合格证，而且要在有效期内。
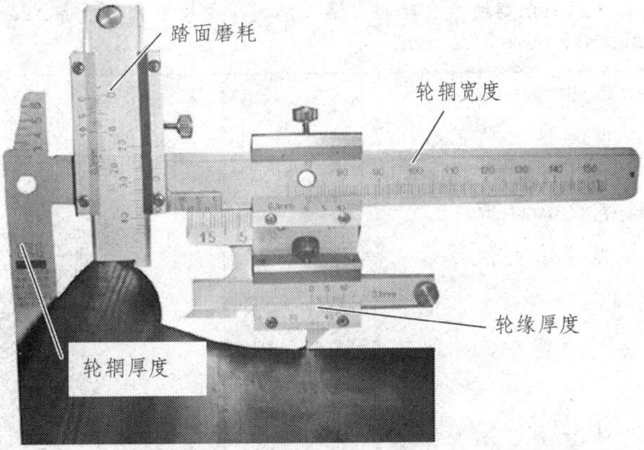
</td></tr>
<tr><td colspan="2">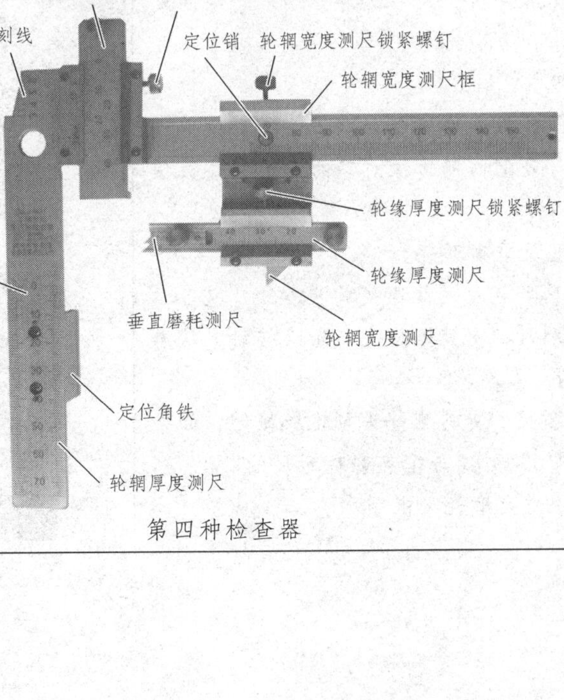

第四种检查器</td></tr>
</table>

续表

<table>
<tr><td colspan="2">测尺定位：
70 mm 定位（定位销）；
移动轮辋宽度测尺尺框，使定位销落入销孔内，然后锁紧其紧固螺钉</td></tr>
<tr><td colspan="2">读游标尺的方法：
（1）以游标零刻线位置为准，在主尺上读取整毫米数；
（2）看游标上哪条刻线与主尺上的某一刻线对齐，由游标上读出毫米以下的小数；
（3）总的读数为毫米整数加上毫米小数
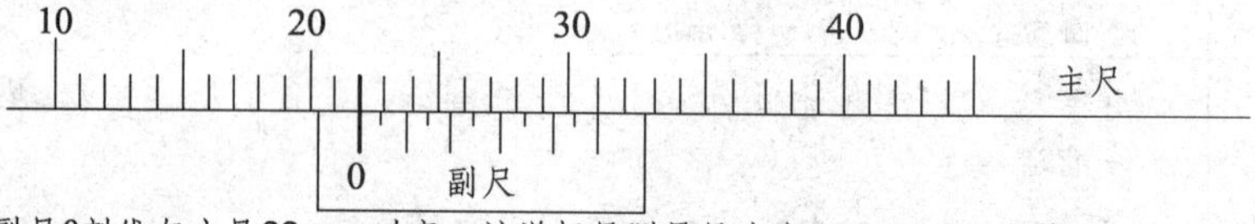

副尺0刻线与主尺22 mm对齐，该游标尺测量尺寸为22 mm，无小数。
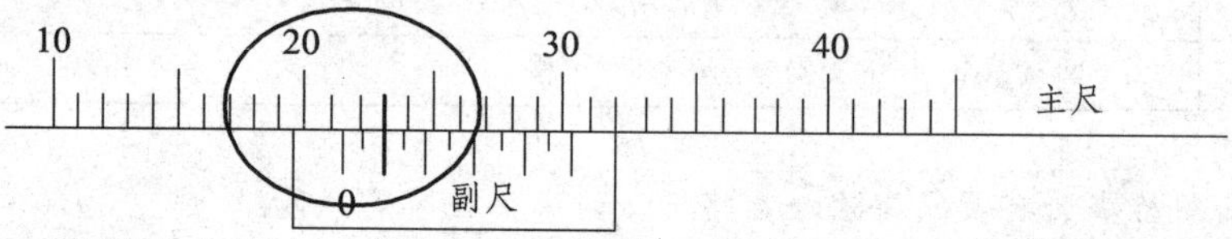

副尺0刻线越过21 mm刻度，这时副尺第二刻线与主尺上刻线对齐，该游标尺测量尺寸为21 mm+0.2 mm=21.2 mm。</td></tr>
<tr><td>步骤
作业内容</td><td>实物操作图片</td></tr>
<tr><td>（1）测量踏面圆周磨耗及轮缘高度。
① 移动轮辋宽度测尺尺框，使定位销落入销孔内，然后锁紧其紧固螺钉。
② 将定位角铁与车轮内侧面密贴，并使轮辋宽度测头与车轮踏面接触。
③ 推动踏面磨耗测尺，使其测量面与车轮轮缘接触，从左边游标读取踏面磨耗值，从右边游标读取轮缘高度值。
（2）测量轮辋厚度。
同踏面圆周磨耗及轮缘高度测量步骤①、②，读取轮辋厚度测尺刻线中与轮辋内侧边缘对齐的数值，该数值即为轮辋厚度。
（3）测量轮缘厚度及垂直磨耗。
① 同测量踏面圆周磨耗及轮缘高度的步骤①、②。
② 推动轮缘厚度测尺，使其测量头与轮缘接触，从游标中读取轮缘厚度值。
③ 推动垂直磨耗测尺，使其测量头与轮缘接触，如果轮缘厚度测尺上的“0”刻线与垂直磨耗测尺的“0”刻线对齐，则说明轮缘垂直磨耗到限了。</td><td>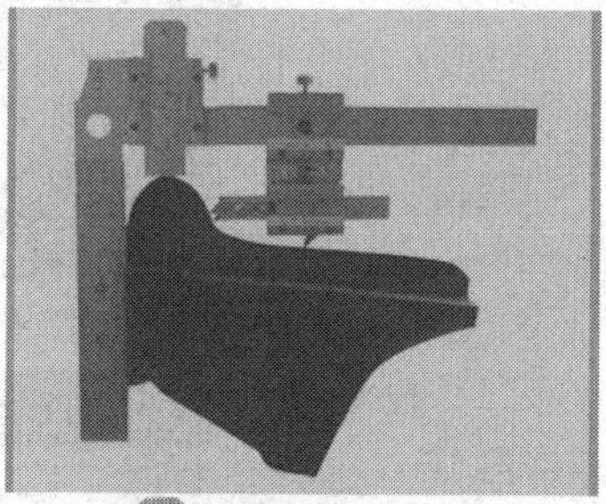
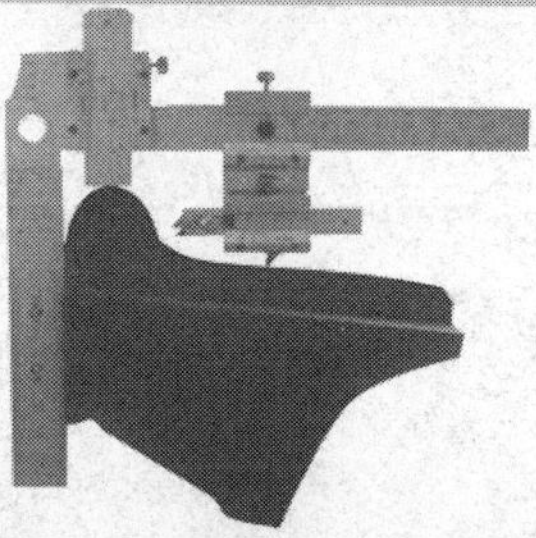
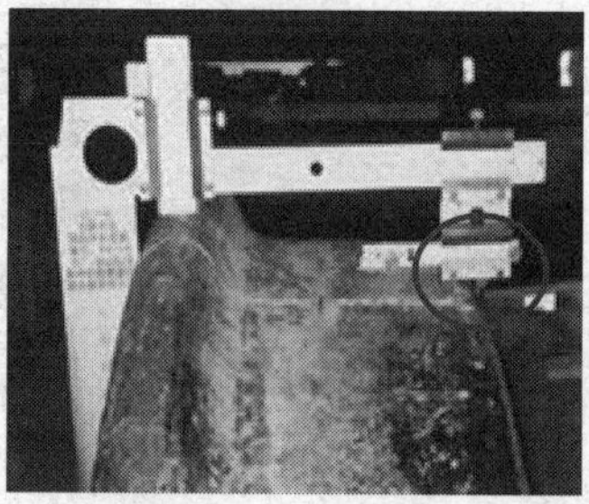</td></tr>
</table>

续表

（4）测量轮辋宽度。 ① 同测量踏面圆周磨耗及轮缘高度的步骤①、②。 ② 推动轮辋宽度测尺尺框，使其测量头与车轮外侧面贴靠，从游标中读取轮辋宽度值。如果踏面有碾宽，应减去碾宽值。 （5）测量踏面剥离深度。 分别测量正常点的踏面磨耗与剥离点的踏面磨耗值，两者差值即剥离深度。 （6）测量踏面剥离长度。 测量方法同踏面剥离深度的测量。 ① 一处以上大于 75 mm。 ② 两处以上为 50～75 mm。 ③ 四处以上为 25～50 mm。 ④ 深度大于 0.8 mm	 车轮踏面擦伤 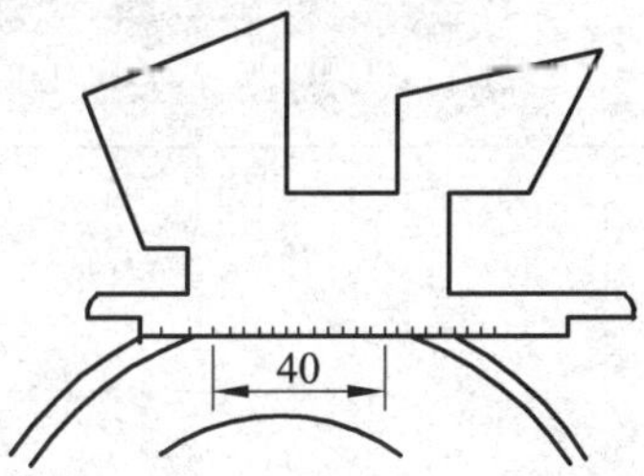
（1）撤离安全防护设施。 （2）清点各工器具，无丢失、不留在作业现场，清洁作业现场	

表 4-4　不落轮车轮外径测量仪测量工艺卡

（1）把轮径尺放在标准圆上进行校正，通过调节数显表上的上下箭头按钮，校正轮径尺，使之显示值与标准圆标称值一致。注意：不同型号的轮径测量尺标准圆标称值不一样，先将表放在轮径尺上，然后连同表与尺再一起放在标准圆上。

（2）轮径尺校正之后，轻轻拿起轮径尺，用手按压伸缩杆，并观察数显表的读数范围（限度：城轨车辆原始尺寸 840 mm；半磨耗轮 805 mm；运用限度 770 mm）。

（3）校正好的轮径尺，密贴置于轮径上进行轮径测量，并读取轮径值。

按要求每测一次之后必须重新在标准圆上进行校正。每个车轮都要至少测量三个数据，取其平均值。

- 同一轮对上左右车轮直径差不能超过 2 mm。
- 同一转向架的两个轮对上车轮直径差不能超过 4 mm。

（4）测量注意事项。

① 检查合格标签，确认有效使用日期。

② 刻度线清晰，无磨损、腐蚀现象。

③ 检查器外观无损坏、变形，各定位螺钉无断裂或缺损。

④ 使用完毕后清洁干净，无污渍残留于外表面，重新放回到存放盒内。

⑤ 使用过程中要轻拿轻放，防止掉落、磕碰造成损坏。

⑥ 标准圆直径为 850 mm。

⑦ 表中指针为逆时针转。指示表中短指针指示的是 10 mm 以上的数，长指针指示的是 10 mm 以下的数，分度值为 0.1 mm。

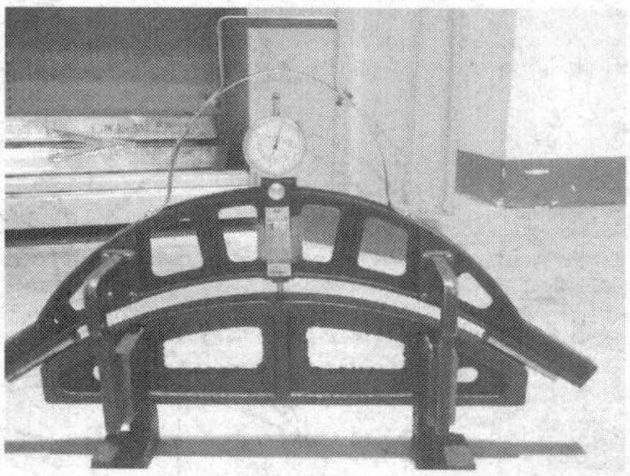

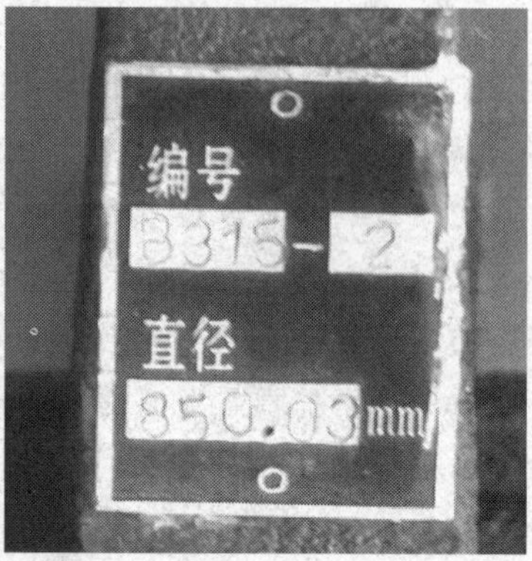

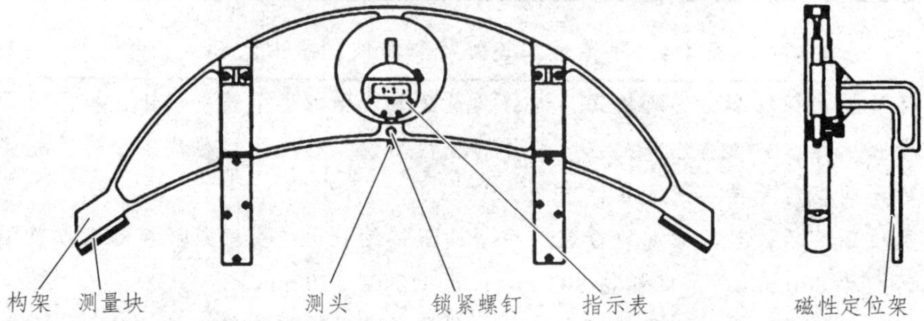

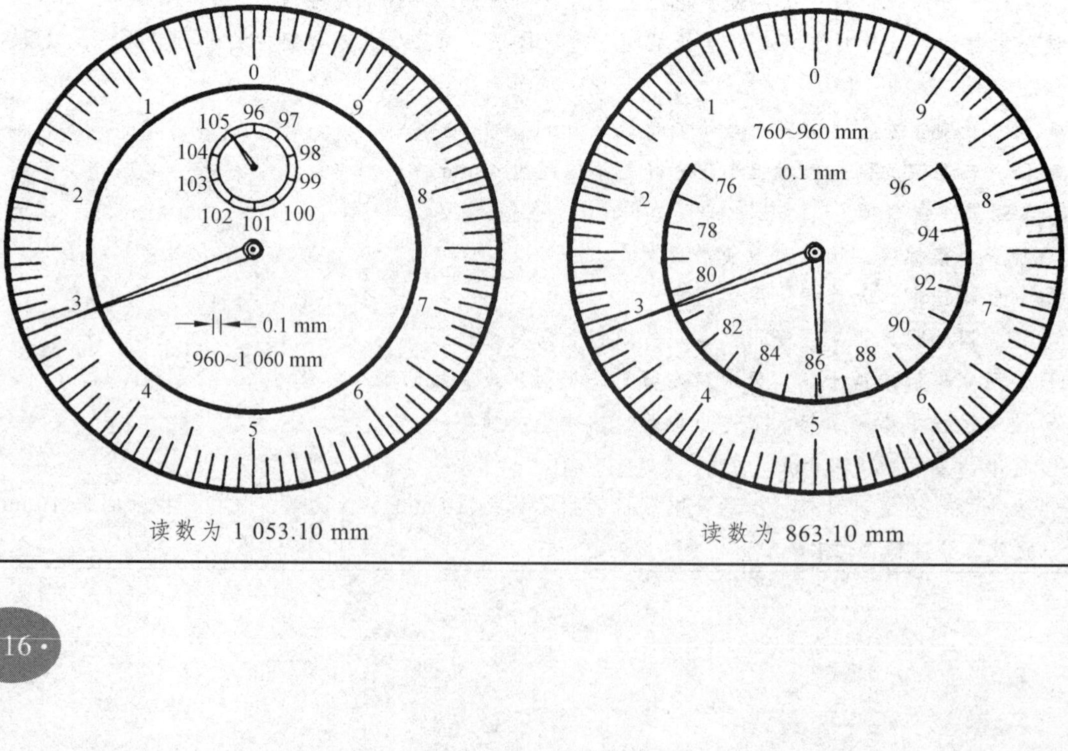

读数为 1 053.10 mm　　　　读数为 863.10 mm

表 4-5　车辆轮对内距尺测量工艺卡

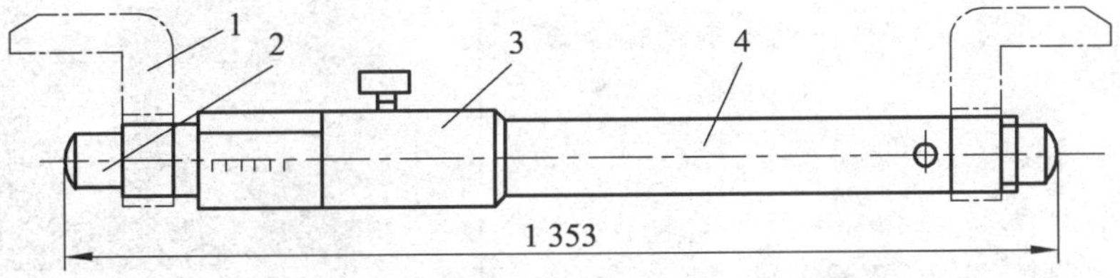

1—限位钩；2—活动测杆；3—示值标套；4—尺身。

标尺式轮对内距尺结构示意图

测量方法：

（1）将内距尺锁紧螺钉松开，使活动测杆处于自由状态。

（2）两手握住内距尺，将其放置于两车轮内侧，使两限位钩落在两车轮轮缘最高部位。

（3）目测杆身与车轴平行。

（4）在圆周方向移动内距尺活动测头端，找到最小的读数，即为轮对内距。

（5）轮对内侧距为（1 353±2）mm。

注意：测量时，须沿车轮圆周方向每 120° 测量一处，共测量 3 处，3 处之差不大于 3 mm。

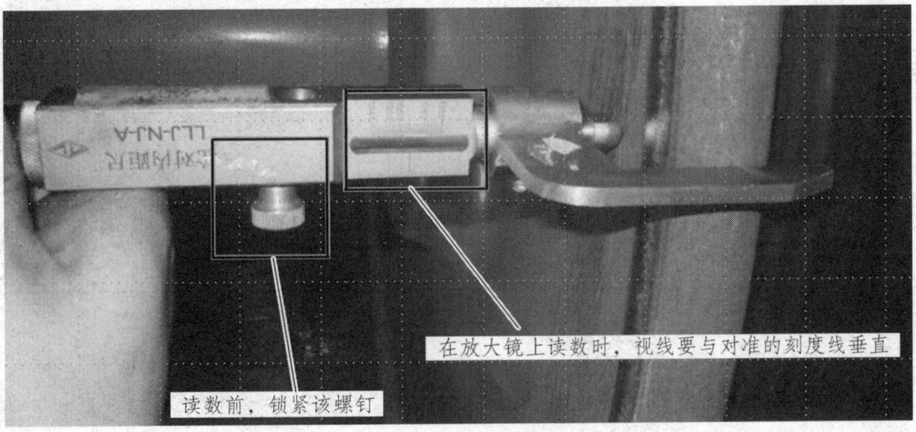

表 4-6　车辆车轮轮缘踏面样板测量工艺卡

	（1）准备的量具： ① 检查样板，用于检查机车车辆轮缘踏面形状。 ② 校验样板，用于检验检查样板线轮廓度。 ③ 塞尺一把。 （2）型号：LW（LW32）型。 （3）使用方法。 ① 检查样板： ● 将样板置于被测车轮上，其基准边与轮（箍）辋内侧面靠紧，踏面曲线边与轮缘或踏面上一点接触，样板平面应与车轴轴向剖面方向一致。 ● 用光隙法检查样板轮缘踏面曲线边与车轮轮缘踏面之间的间隙，也可以用塞尺测量间隙的大小。 要求：小于 0.7 mm。 ② 校验样板： ● 将检查样板与校验样板的基准边贴紧，移动校验样板或检查样板，使轮缘踏面曲线边上一点接触。 ● 用二级塞尺测量检查样板与校验样板之间的间隙。 （4）使用注意事项与保养。 ● 样板严禁摔碰，以免影响测量准确性。 ● 样板使用后要放回包装盒内保管	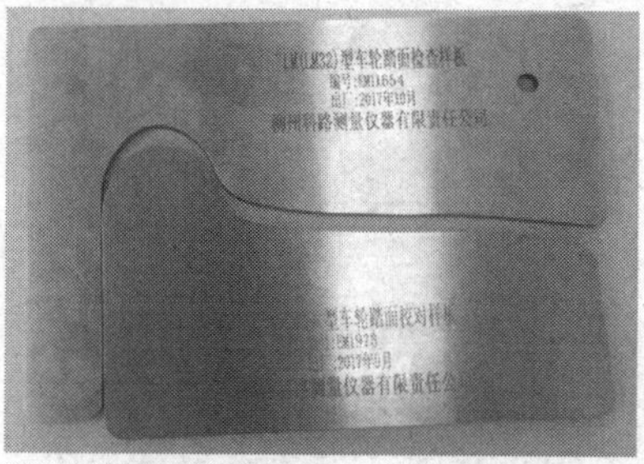 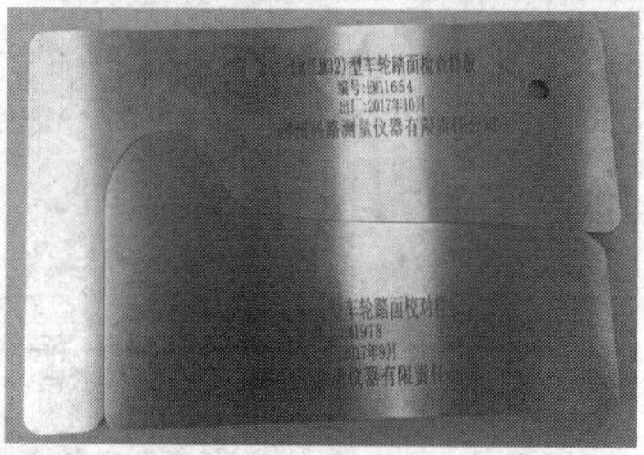 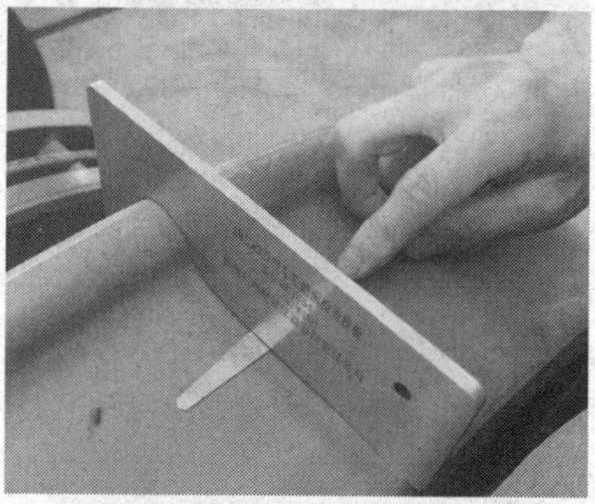 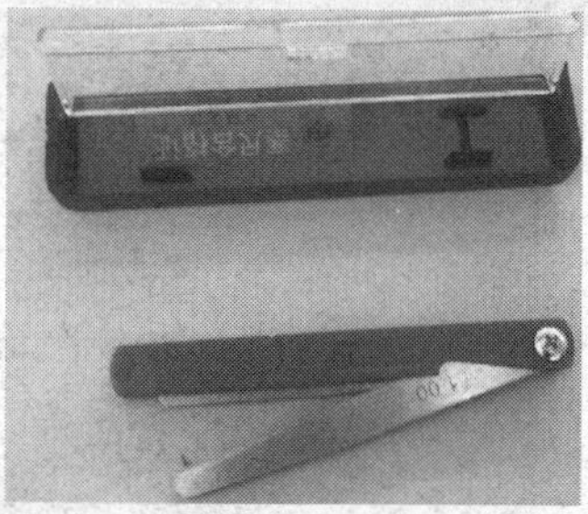

4.13　拆装油压减振器实训

1. 实训任务

用扭力扳手拆装油压减振器。

2. 实训目标

（1）认知油压减振器部件。

（2）学会使用扭力扳手。
（3）训练拆装零部件的基本技能。

3. 实训准备

转向架。

4. 实训过程

实训：用扭力扳手拆装油压减振器。
拆装油压减振器实训工艺卡见表 4-7。

表 4-7　拆装油压减振器实训工艺卡

<table>
<tr><td>适用范围</td><td>城市轨道交通车辆</td><td>作业项目</td><td>拆装油压减振器</td><td>编写人</td><td></td></tr>
<tr><td>项目简介</td><td colspan="5">通过对油压减振器的拆装，学会使用扭力扳手；掌握油压减振器的结构</td></tr>
<tr><td>条件、设备</td><td colspan="5">城轨车辆转向架、扭力扳手（检验是否合格）、套筒扳手、梅花扳手或开口扳手、备用螺丝或螺帽（油压减振器用）</td></tr>
<tr><td>安全、注意要点</td><td colspan="5">（1）钻入车底拆装油压减振器的过程中，注意头顶不要碰到车底，脚下不要被钢轨绊倒。
（2）在操作过程中，戴好手套，以免刮伤手</td></tr>
<tr><td>时间要求</td><td colspan="5">时间 6 min</td></tr>
<tr><td colspan="3">1. 扭力扳手的使用方法
（1）设定扭矩。
● 将扭力扳手的锁紧尾盖拉出，手柄顺时针方向旋转就会增加扭力值，逆时针就会减少扭力值。
● 设定好需要的扭力值，如 60 N·m。
● 当施加的扭矩达到设定值时，扳手会发出“咔嗒”声响或者扳手连接处折弯一点角度，这就代表已经紧固不能再加力了。
● 扭力扳手是按人手的力量来设计的，遇到较紧的螺纹件时，不能用锤击打扳手；除套筒扳手外，其他扳手都不能套装加力杆，以防损坏扳手或螺纹连接件
● 扳手头部的销子扳到左边是松，右边是紧。
● 右手扭动扳手时，左手压紧其头部，否则容易使得螺杆弯曲。
（2）注意事项。
● 所选用的扳手的开口尺寸必须与螺栓或螺母的尺寸相符合，扳手开口过大，易滑脱并损伤螺纹件的六角。
● 各类扳手的选用原则，一般优先选用套筒扳手，其次为梅花扳手，再次为开口扳手，最后选活动扳手</td><td colspan="3">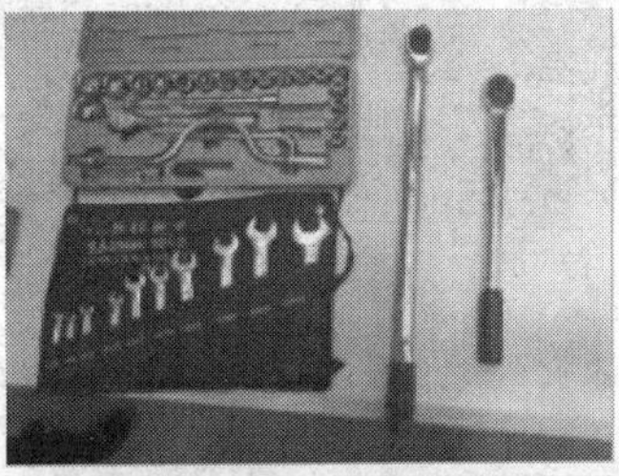

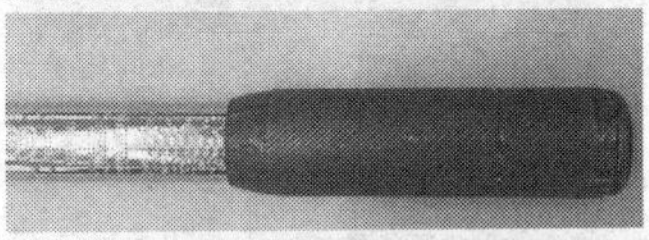
</td></tr>
</table>

续表

2. 工作任务

① 拆卸转向架的两个油压减振器，两人合作（CW-200 型转向架 3 台）。

② 一人主要操作，一人辅助操作。

③ 两人轮流操作，每人都必须掌握扭力扳手的使用方法。

④ 时间：5 min，超时 1 min 不及格。

注意事项：

- 查看螺丝规格，选择合适的套筒。
- 根据螺丝的规定扭力，选择扭矩。
- 拆卸下来的工件和螺丝、螺母摆放（不能放在地上）整齐后，再进行油压减振器的检查。
- 油压减振器安装时，铭牌朝外

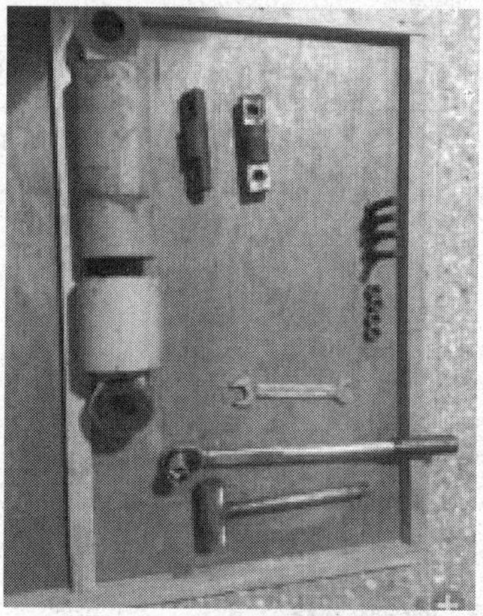

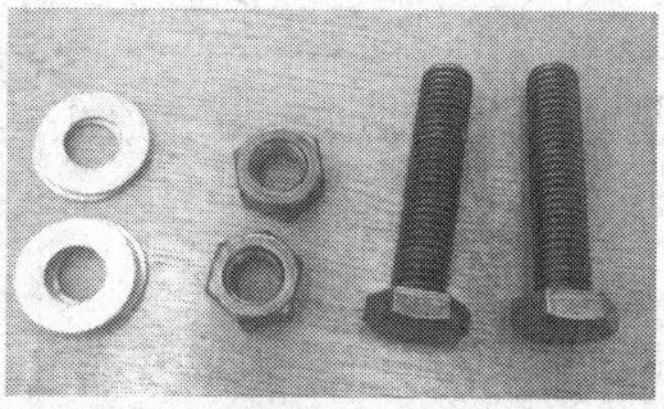

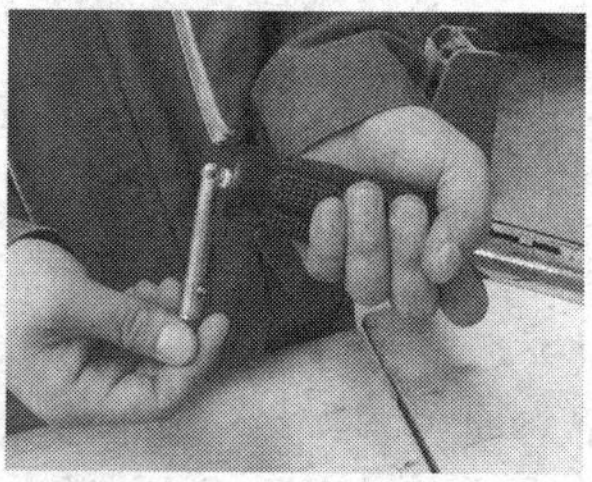

螺母、螺丝、垫片若干备用

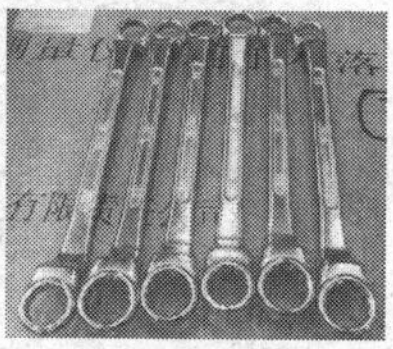

梅花扳手（17-19）

转向架 3 台

扫一扫获取

本课题数字资源

课题 5

城市轨道交通车辆车钩缓冲装置

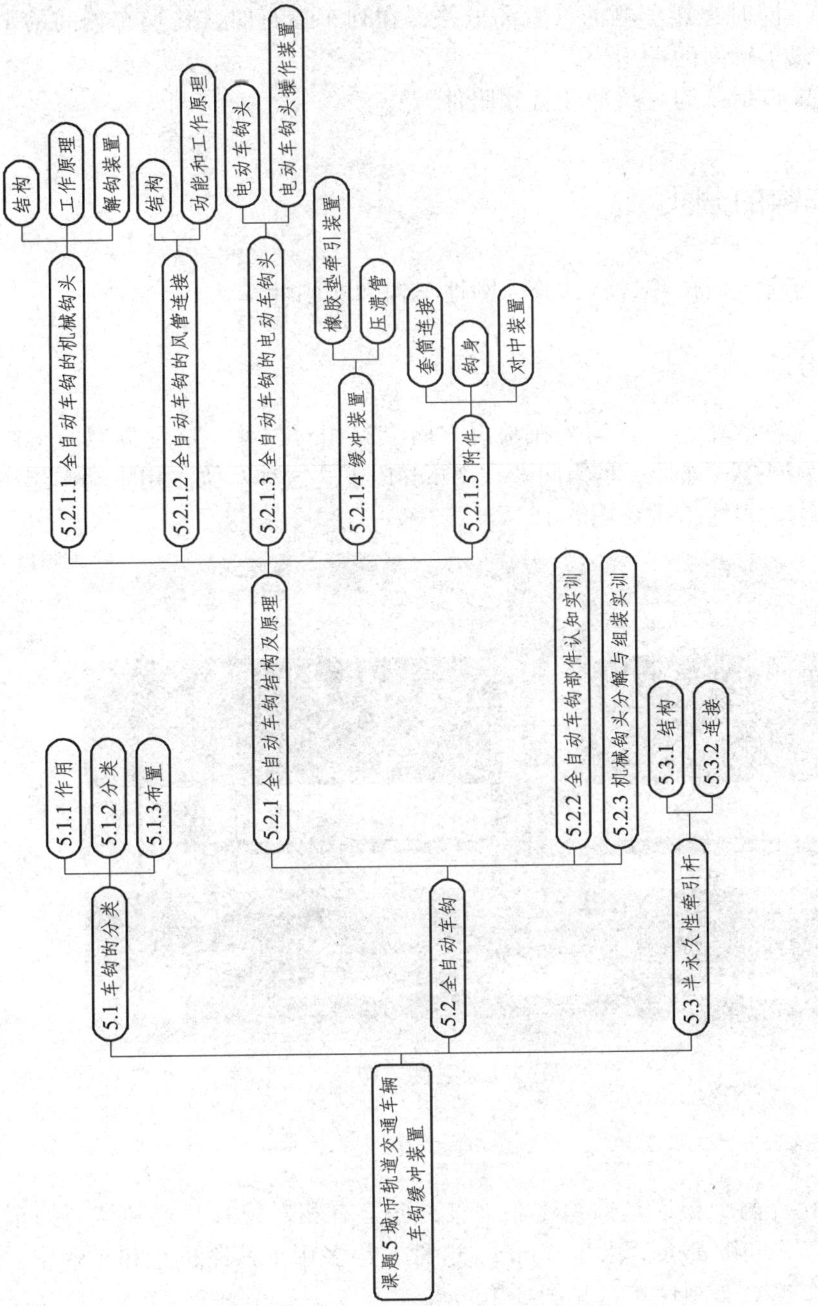

城市轨道交通车辆车钩缓冲装置思维导图

5.1 车钩的分类

5.1.1 车钩的作用

车钩缓冲装置是车辆的基础部件之一，用来实现车辆与车辆之间的连接，并使车辆间保持一定的距离，同时连接车辆的气路和电路；在列车运行时，传递车辆间的牵引力、制动力，缓冲和衰减车辆间的冲击力。

车钩缓冲装置包括车钩、缓冲装置和附件。

5.1.2 车钩的分类

根据车钩是否有垂向位移，将其分为刚性车钩和非刚性车钩。

1. 刚性车钩

刚性车钩不允许两相连车钩钩体在垂直方向上有相对位移。这种类型的车钩连接后成为一个整体，故为密接式连接，车钩间隙在 3 mm 以下。这种车钩多用于动车组中。地铁车辆采用密接式车钩。刚性车钩见图 5-1。

图 5-1 刚性车钩

2. 非刚性车钩

非刚性车钩允许两个相连车钩钩体在垂直方向上有相对位移。这种类型的车钩是一种非密接式连接，车钩间隙都会远大于 3 mm。这种车钩多用于铁路机车和车辆中。地铁工程车采用非密接式车钩。非刚性车钩见图 5-2。

图 5-2　非刚性车钩

3. 刚性车钩的优缺点

刚性车钩相比非刚性车钩，有以下优点：

（1）刚性车钩可减小车钩间的间隙；

（2）降低列车运行中的纵向冲动；

（3）提高列车运行的平稳性；

（4）降低车钩零件的磨耗和噪声；

（5）实现车辆间的气路和电路的自动连接。

刚性车钩的缺点：

（1）车钩强度低；

（2）结构与制造工艺复杂。

5.1.3　车钩的布置

1. 车钩的类型

密接式车钩的类型有全自动车钩、半自动车钩和半永久牵引杆（见表 5-1）。

表 5-1　车钩的类型

车钩类型	全自动车钩	半自动车钩	半永久牵引杆
符号	—	=	*
机械连接	自动	自动	人工
气路连接	自动	自动	人工
电路连接	自动	人工	人工

2. 车钩的布置

Tc 车：司机端为全自动车钩；非司机端为半永久牵引杆（带压溃管）。

Mp 车：一位端和二位端均为半永久牵引杆（不带压溃管）。

M 车：一位端为半永久牵引杆（带压溃管），二位端为半自动车钩。

用符号表示为：—Tc * Mp * M = M * Mp * Tc—。

5.2 全自动车钩

全自动车钩如图 5-3 所示。

图 5-3　全自动车钩

5.2.1 全自动车钩的结构及原理

全自动车钩与半自动车钩的机械车钩和风管连接一样，仅电路连接不同。

全自动车钩的特征：

（1）自动机械连接，自动气路连接，自动电路连接；

（2）可在司机室操作，自动气动解钩；

（3）气路故障时，可用解钩绳手动解钩；

（4）对中装置设有可复原能量吸收装置（缓冲器），吸收能量设有可压溃筒体和过载保护装置。

全自动车钩能够使车辆机械、电路、气路自动连挂，无须人工辅助。把一辆车开向另一辆车就可以实现两辆车的自动连挂，水平方向和垂直方向有角位移的情况下也可以自动连挂。通过司机室的解钩按钮可以进行自动解钩，也可以在轨道旁手动解钩。车辆通过车钩连挂后可以顺利地在一定的坡道和曲线上运行。

5.2.1.1 全自动车钩的机械钩头

1. 机械钩头的结构

机械钩头主要由车钩头外壳、钩舌板、钩舌连杆、钩舌连杆销、中心销、张力弹簧等组成（车钩头由车钩头外壳、车钩锁组成）。

车钩头外壳前端轮廓较特殊。该轮廓包括凸锥和凹锥，凸锥和凹锥周围是宽平车钩端面。车钩锁位于车钩头外壳内，可旋转。车钩锁由钩舌、钩板、中心枢轴和拉伸弹簧构成，如图 5-4 和图 5-5 所示。

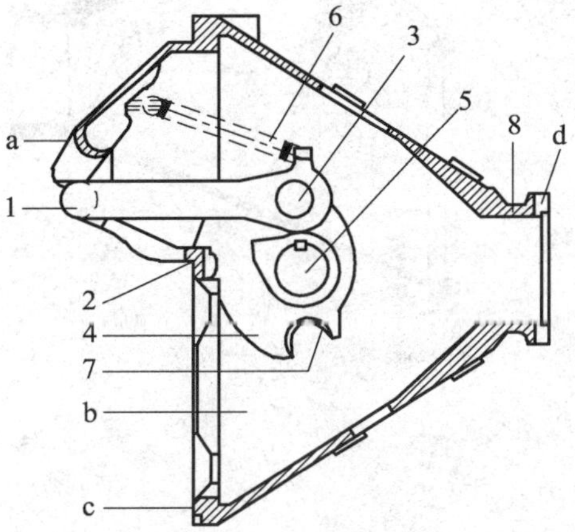

a—外锥体；b—内锥体；c—车钩面；d—套管连接箍；1—连接杆；2—止挡；3—连接杆销；4—钩板；5—中心销；6—张力弹簧；7—钩板凹槽；8—钩头箱体。

图 5-4　机械钩头

图 5-5　机械钩头的结构

2. 机械钩头的工作原理

机械钩头根据车钩锁的状态有以下三种状态：

1）待挂状态

（1）张力弹簧处于拉伸状态；

（2）钩舌板固定；

（3）钩舌连杆缩回凸锥体内，如图 5-6 所示。

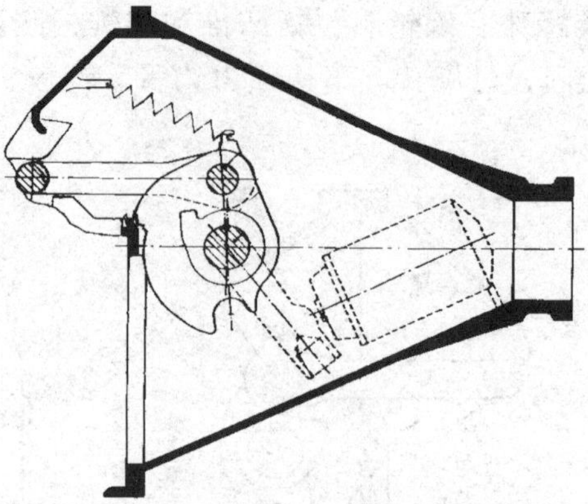

图 5-6　待挂状态

2）连挂状态

（1）凸锥体滑入凹锥体内；

（2）钩舌连杆撞击被挂钩舌板，钩舌板逆时针转动；

（3）张力弹簧被压缩；

（4）钩舌连杆进入对方钩舌板的钩嘴内，完成连接锁闭，如图 5-7 所示。

车钩的准备连挂状态和连挂状态是同样的位置，因此这种车钩锁称为一位锁。钩舌连杆和钩舌板形成平行四边形。

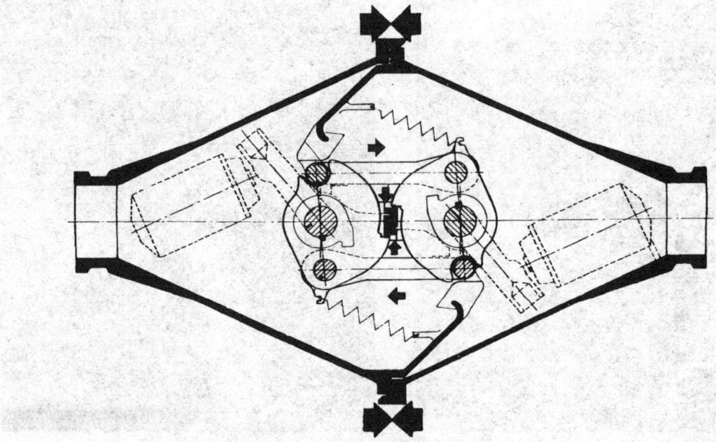

图 5-7　连挂状态

3）解钩状态

（1）为解开车钩头，解钩装置克服拉伸弹簧的力使钩舌板顺时针转动；

（2）张力弹簧被拉伸；

（3）钩舌连杆退出对方钩舌板的钩嘴，完成解钩，如图 5-8 所示。

在弹簧力的作用下，钩舌板逆时针旋转，钩舌缩回凸锥体内，回到待挂状态。

3. 解钩装置

功能：解钩装置将车钩从连挂状态转到解钩状态。

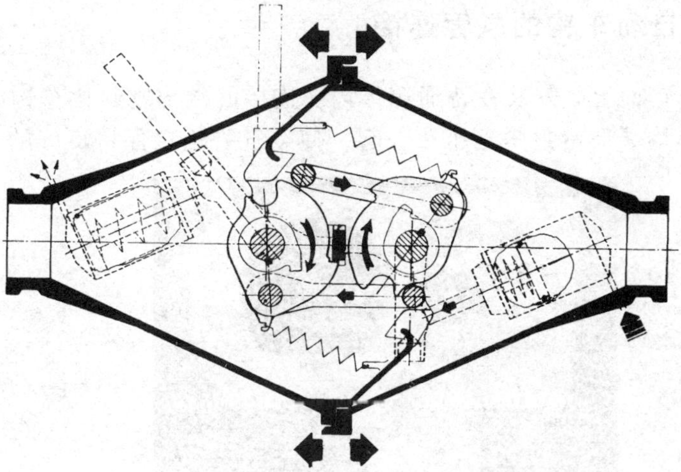

图 5-8　解钩状态

1）手动解钩

当列车风管内无压缩空气时，可通过拉动连接在心轴下端曲柄上的钢丝绳同向使钩舌板转动，达到与解钩气缸使钩舌板转动的相同效果，如图 5-9 所示。

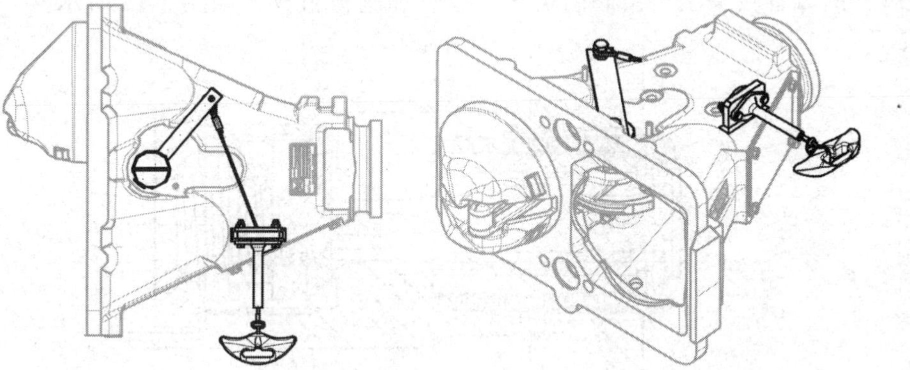

图 5-9　手动解钩

2）气动解钩

司机操纵按钮控制电磁阀，使解钩风缸充气，风缸活塞杆向前推动钩舌板顺时针转动，张力弹簧拉伸，使车钩的钩舌连杆脱开相邻车钩的钩舌板，车钩处于解钩状态，如图 5-10 所示。

图 5-10　气动解钩

5.2.1.2 全自动车钩的风管连接

风管连接在车钩面上，安装在普通箱体内。连接的端部密封比车钩面高出 8 mm，连挂时它与相匹配的车钩端部密封紧密压在一起，使空气管连接保持良好的气密性。

图 5-11 风管连接

1. 主风管的风管接头结构

主风管的风管接头主要由阀门挺杆、管嘴和阀板组成，如图 5-12 所示。

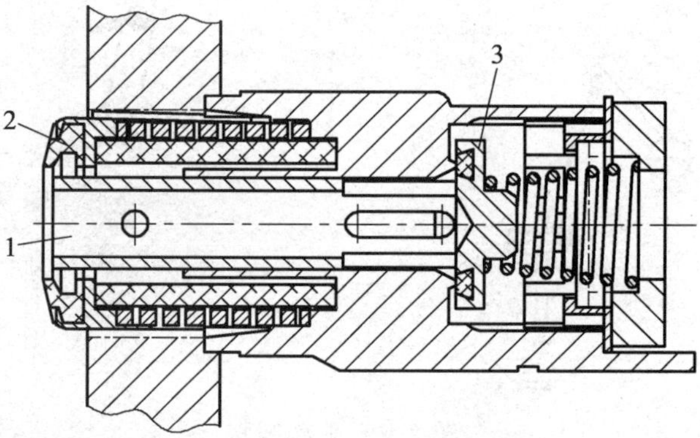

1—阀门挺杆；2—管嘴；3—阀板。

图 5-12 主风管的风管接头结构

2. 全自动车钩的功能和工作原理

（1）功能：准备连挂时，阀门使风管保持关闭状态。连挂时，阀门使风管保持打开状态。

（2）工作原理：连挂过程中，两个风管接头的管嘴相互紧密挤压。同时，阀门挺杆相碰击，彼此克服弹簧力向后推，从而打开风管接头。解钩后车辆分开，弹簧承载的压力阀自动关闭，堵塞风管。

5.2.1.3 全自动车钩的电动车钩头

电动车钩头位于车钩头的下部，包括一个带防护盖的外壳、触头块和后盖。它与电动车钩头操作装置构成一个机械装置单元，如图 5-13 所示。

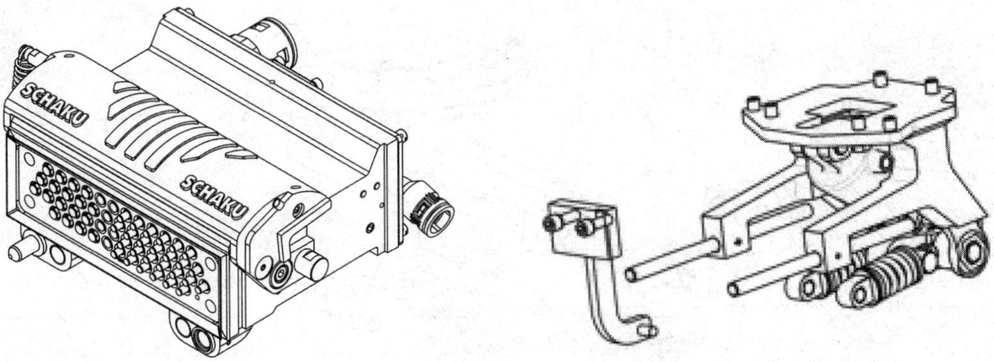

图 5-13　电动车钩头及其操作装置

1. 电动车钩头

1）电动车钩头的结构

（1）电动车钩头的外壳横截面为矩形。朝向车钩头的外侧配有导向元件，前侧配有对中装置，底部设有排水系统。

（2）通过触头块将外壳前侧牢牢关闭。触头块配有安装孔，安装孔可固定住接线柱。触头通过螺纹拧入接线柱的前端。

（3）外壳的后侧由一块盖板紧闭。盖板上配有电缆接头和操作装置的接头。

（4）枢轴安装封盖固定在外壳的前部，并可以转动。

2）电动车钩头的功能

电动车钩头实现机械连挂及车辆的电气连接的导通和断开。

接线柱通过机械方式将触头固定在触头块中，并与电缆相连。电缆接头确保电缆通过封盖实现防水和消除应变。

传动杆是电动车钩头与电动车钩头操作装置之间的机械接口。

在解钩状态，封盖可保护触头免受灰尘、水、机械损坏以及防止意外接触。

两个连挂电动车钩头密封框的密封接触区，可防尘、防水并防止对触头的机械损坏及意外接触。

3）电动车钩头的工作原理

在连挂操作期间，电动车钩头向前移动。两个相对外壳的对中元件使外壳配合并将它们对齐。这样，触头就可以精确接触，而密封框将被相互压紧。解钩时，电动车钩头的触头将被分离。

连挂和解钩期间，封盖被自动打开和关闭。

2. 电动车钩头操作装置

1）电动车钩头操作装置的结构

电动车钩头操作装置位于车钩头上。电动车钩头操作装置由导向元件、操纵杆和工作气压缸组成，如图 5-14 所示。

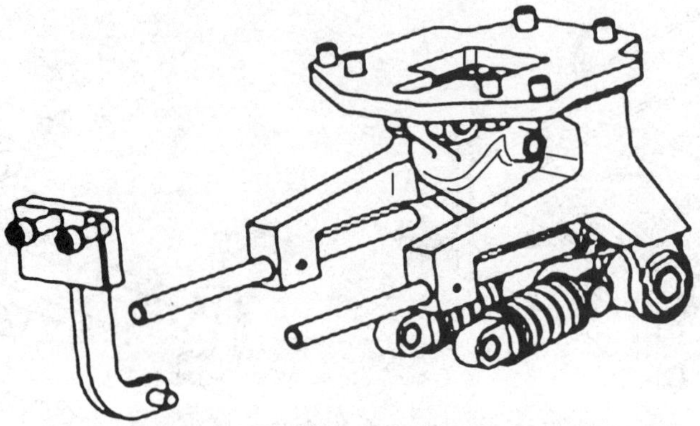

图 5-14　电动车钩头操作装置

导向元件牢牢固定在车钩头的外壳上，它由控制杆和导向杆组成。控制杆与电动车钩头的封盖横向啮合。

操纵杆一侧连接到电动车钩头上，另一侧与工作气缸连接。操纵杆包含一个预载弹簧及与死点中心位置固定的操作杆。

2）电动车钩头操作装置的功能

弹簧元件确保两个电动车钩头外壳相互紧密挤压，且触头牢固连接。

电动车钩头外壳在导向杆上前后移动。在移动过程中，控制杆自动打开和关闭电钩头的封盖。

可以通过操纵杆机械连接工作气压缸和电动车钩头外壳调节电动车钩头凸出距离并手动操作电动车钩头。

气压缸中充有主风管（MRP）内的压缩空气。

3）电动车钩头操作装置的工作原理

压缩空气根据车钩锁的状态进行换向。

车钩进行机械连挂时，车钩锁转入连挂状态。这样就可以重新引导压缩空气，使气压缸能够向前推动电动车钩头。将电动车钩头封盖打开，两个相对的电动车钩头贴合、对齐并在预设力的作用下彼此压靠在一起。即使停用电动车钩头操作装置，车钩仍可进行机械和气动连挂。电动车钩头保持收缩状态。

解钩时，钩锁转到解钩状态。这样就可以重新引导压缩空气，使气压缸能够缩回电动车钩头。

当电动车钩头换向时，封盖将被强行关闭。如果气动系统发生故障，则可手动分离电动车钩头。

5.2.1.4　缓冲装置

1. 橡胶垫牵引装置

橡胶垫牵引装置用来缓和运行冲击、吸收连挂冲击和吸收非正常状态下的冲击。它由橡胶垫缓冲器装置、轴承座和支撑弹簧三部分组成，如图 5-15 所示。

图 5-15　橡胶垫牵引装置

1）橡胶垫牵引装置的位置

橡胶垫缓冲装置连接钩身和车体底架。轴承座内的轴颈可允许车钩发生水平摆动。

2）橡胶垫牵引装置的结构

橡胶垫牵引装置由上壳和下壳（3、6）、橡胶垫（4）和牵引杆（5）构成，如图 5-16 所示。牵引杆包含在橡胶垫内，固定在上壳和下壳之间。牵引杆的前端配有轴肩。轴承座配有平整的安装面和安装孔。橡胶垫装置位于轴承座内，配有轴颈（1 和 2）及衬套，以保证水平摆动。支撑弹簧安装在缓冲装置下方。

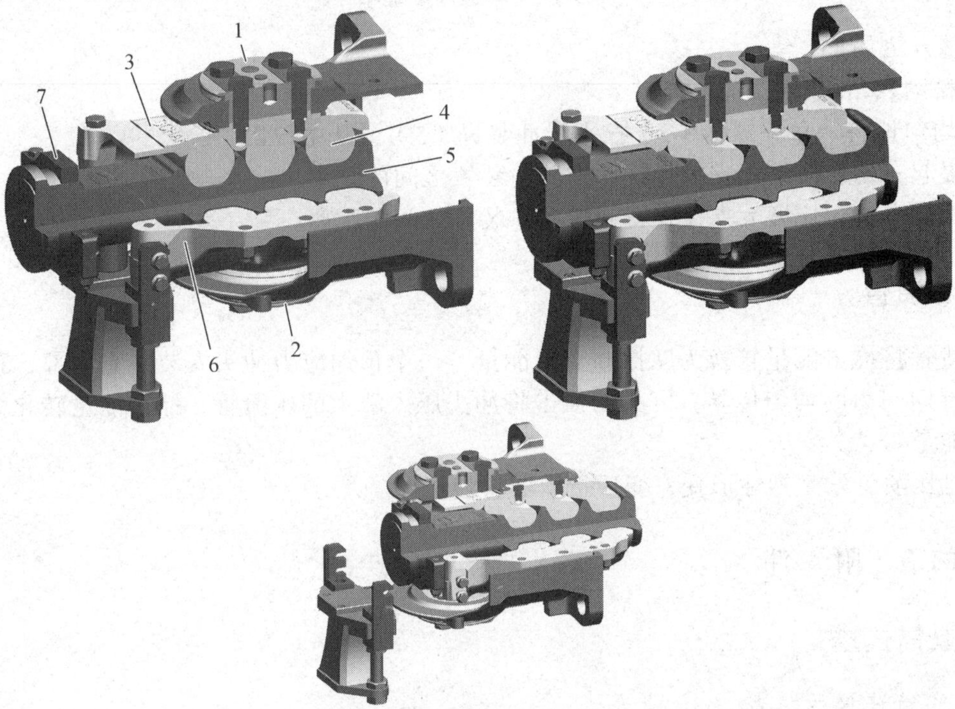

1，2—轴颈；3—上壳；4—橡胶垫；5—牵引杆；6—下壳；7—止动块。

图 5-16　橡胶垫牵引装置的结构

3）橡胶垫牵引装置的功能和工作原理

（1）缓和冲击。

橡胶垫牵引装置属于一种能量吸收设备。列车组内的万向移动通过由橡胶垫装置和轴承座组成的装备予以弹性缓冲。

(2)过载保护。

由于橡胶垫牵引装置的行程受限位挡块的限制。在出现巨大撞击时，轴颈和橡胶垫装置之间的紧固螺钉将会断开，车钩通过车辆底架下的轴承座，从而使车体的损坏得到控制。

(3)车钩高度调节。

支撑弹簧承受已解钩车钩的重量。车钩的高度可通过支撑弹簧进行调节(见图 5-17)。

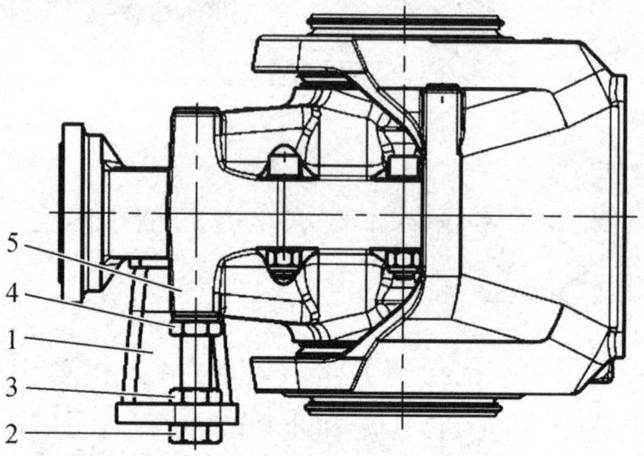

1—橡胶支撑；2—六角头螺栓；3，4—六角螺母；5—缓冲装置。

图 5-17 车钩高度调节

调整方法如下：

① 松动六角螺母(3、4)。

② 均匀地将六角头螺栓(2)拧入缓冲装置(5)或从中拧出。

要提起车钩，应缩短支撑弹簧和橡胶垫装置之间的距离。

要降低车钩，应增大支撑弹簧和橡胶垫装置之间的距离。

2. 压溃管

压溃管将撞击能量转换为摩擦和变形能量：一个预加应力冲头安装在它内部，预应力确保运行期间力的均匀传导；巨大的撞击将冲头压入涨大的压溃管，撞击能量转化为摩擦和变形能量。

一旦压溃管发生塑性形变，变形指示器将会损坏。

5.2.1.5 附　件

1. 套筒连接

1）套筒连接的位置

套筒连接的位置如图 5-18 所示。

2）卡环连接的结构

卡环连接件包括由螺栓连接的两个套筒。卡环位于待连接组件的轴肩周围，通过螺钉固定在一起，如图 5-19 所示。下部卡环带有排放孔。

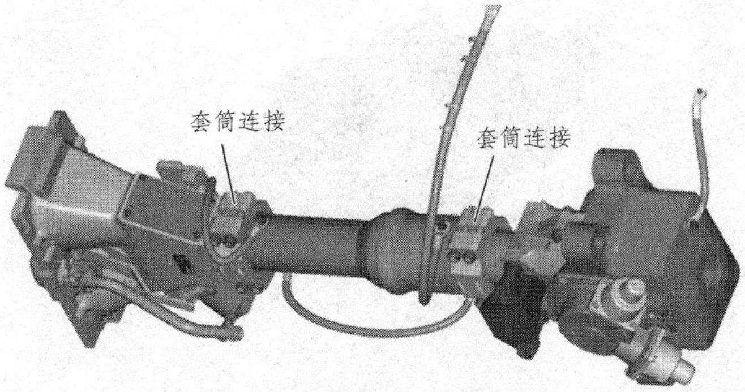

图 5-18　套筒连接的位置

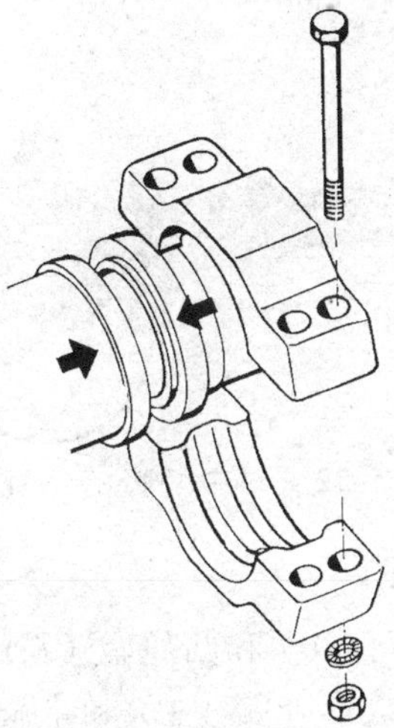

图 5-19　卡环连接

卡环连接是一种夹紧连接。待连接的部件通过卡环连接件螺钉紧紧夹在一起。

2. 钩　身

钩身用于连接车钩头和橡胶垫牵引装置。钩身分为两部分，其中一部分为配有变形指示器的压溃管。钩身前端和后端配有卡环轴肩，如图 5-20 所示。

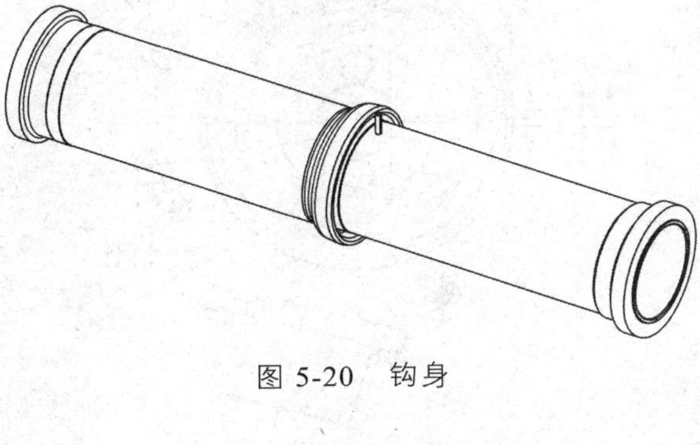

图 5-20　钩身

3. 对中装置

对中装置如图 5-21 所示，其功能为确保进行正常连挂，车钩必须与车辆保持纵向对齐。

图 5-21 对中装置

1）对中装置的位置

对中装置安装在轴承座（钩尾座）上，如图 5-22 所示。

图 5-22 对中装置的位置

2）对中装置的结构

如图 5-23 所示，对中装置由外壳（1）和凸轮盘（6）组成。外壳紧固地连接至轴承座。气缸（2）位于车钩两侧。气缸包括盘形弹簧（3）和带辊（5）的杆（4）。带辊杆位于凸轮盘上。凸轮盘可在外壳内旋转，同时，还紧固地连接至橡胶垫牵引装置的轴颈。它配有两个外围槽（9），这些与气缸位置精确对合。其内部构造如图 5-24 所示。

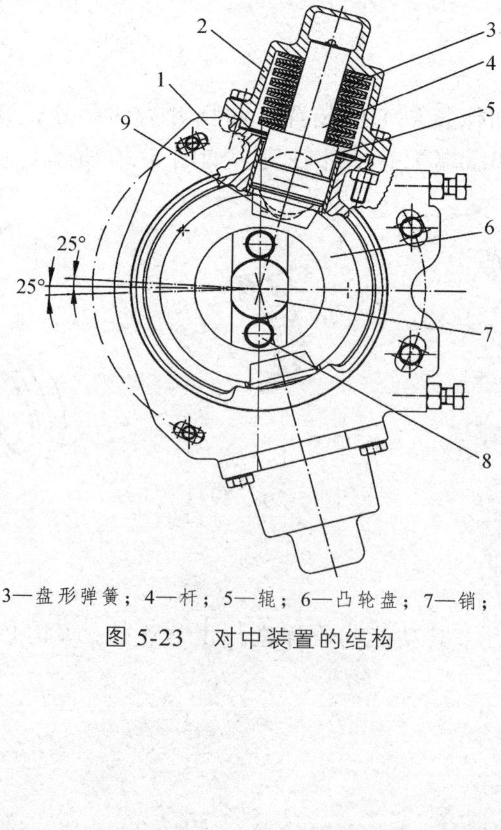

1—外壳；2—气缸；3—盘形弹簧；4—杆；5—辊；6—凸轮盘；7—销；8—平行销；9—槽。

图 5-23 对中装置的结构

图 5-24　对中装置内部构造

3）对中装置的工作原理

盘形弹簧（3）的弹力将带辊杆压入凸轮盘的凹槽中。带辊杆和槽自行对中并将车钩固定在中心位置。车钩处的横向负载将获得一定补偿。如横向负载较大，车钩迫使凸轮盘旋转。凸轮盘槽偏离气缸中心位置，之后将带辊杆压入气缸内。如果车钩偏离超出返回中心角度，辊不在槽内且无法进行反作用，车钩将自由摆动。

5.2.2　全自动车钩部件认知实训

1. 实训任务

（1）全自动车钩缓冲装置解钩认知。
（2）全自动车钩缓冲装置连接与分解的功能演示。

2. 实训目标

（1）正确指认车钩缓冲装置各部件，并描述各部件的功能。
（2）指认车钩缓冲装置力的传递路径。
（3）车钩连接与分解的操作演示。

3. 实训准备

全自动车钩一对。

4. 实训过程

（1）分组练习。
（2）教师考核组长，组长考核组员。

5.2.3　机械钩头分解与组装实训

1. 实训任务

分解、检查与组装自动车钩的机械钩头。

2. 实训目标

（1）识别机械钩头的组成部件。
（2）掌握部件分解、检查与组装的基本技能。
（3）通过部件的实体实训，进一步加深对车钩知识的认知。

3. 实训准备

具体见作业工艺卡。

4. 实训过程

（1）分组进行。
（2）抽查考核。
自动车钩机械钩头检修作业工艺卡见表 5-2。

表 5-2　自动车钩机械钩头检修作业工艺卡

适用范围	城市轨道交通车辆	作业项目	自动车钩机械钩头检修作业	编制	
条件、设备	城市轨道交通车辆自动车钩缓冲器装置两台；实训操作台两台				
工具、计量工器具、材料	润滑油、锤子、尖嘴钳、开口销、手套、手电、内六角扳手、棉纱、自制工具、铁鞋、禁动牌				
项目简介	通过对自动车钩机械钩头部分的拆装，掌握自动车钩的结构与工作三态；学习使用各种工具，掌握拆装部分的一般方法；了解车钩保养的基本知识				
安全、注意要点	（1）放置铁鞋。 （2）挂禁动牌。 （3）在检查过程中，戴好手套，以免刮伤手。 （4）拆中心销和钩舌组件时，因操作空间小，小心刮到手				
程序：识别部件→整体外观检查→拆解→清洗→检查→组装→功能试验					
操作前，识别车钩缓冲装置各部件	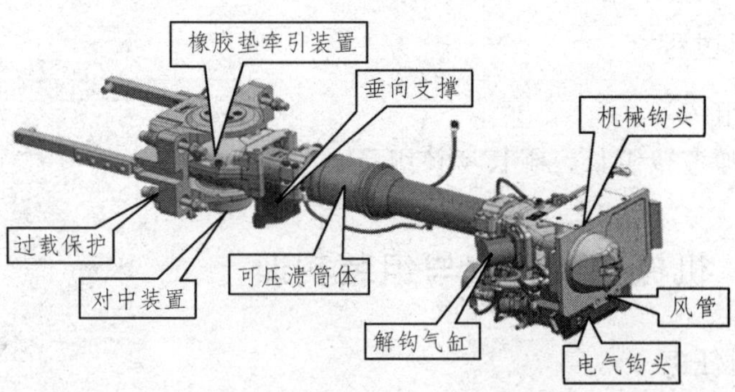				

续表

拆卸工具	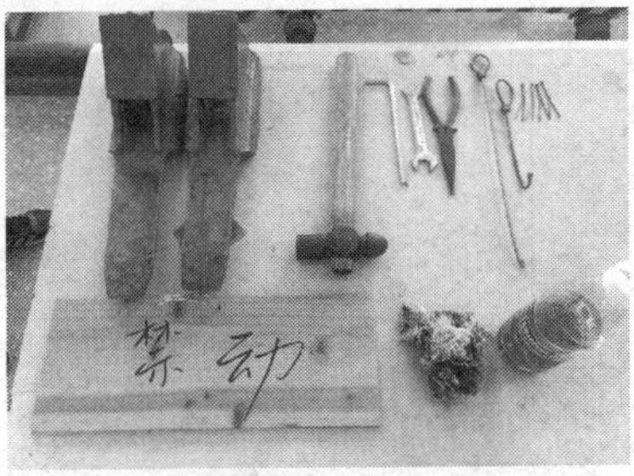

步骤	作业内容	实物操作图片
1	用工具拆除风管连接	 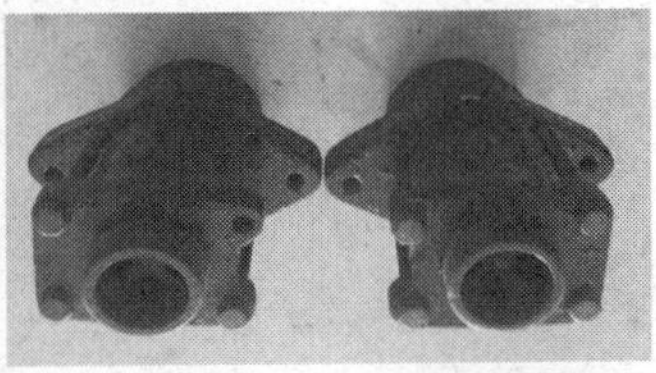
2	拆解钩手柄、手柄座	 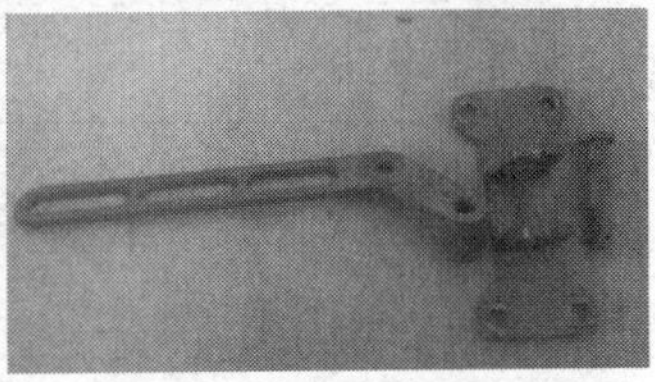
3	取钩舌弹簧：用尖嘴钳松开钩舌与钩壳连接的弹簧	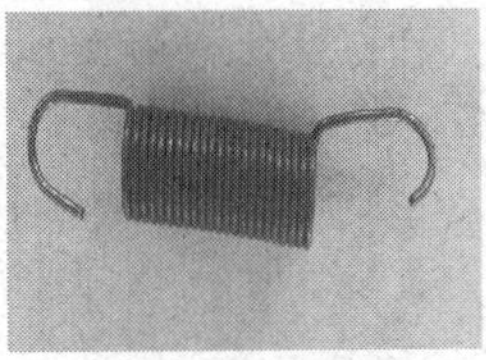 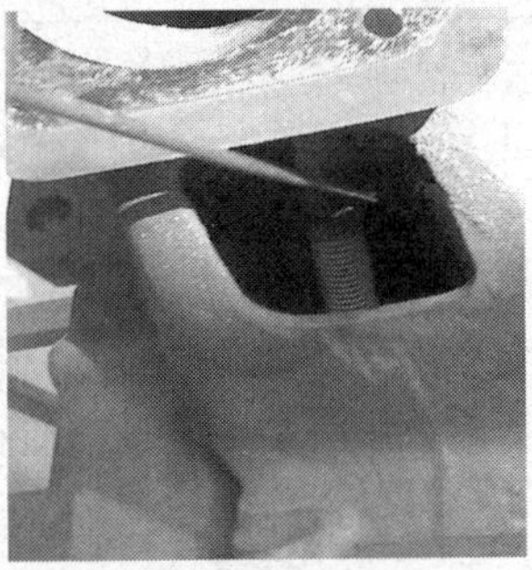
4	中心轴（圆销）拆卸：松开中心轴上的固定板的两颗螺栓，拿下固定板，取出中心轴	 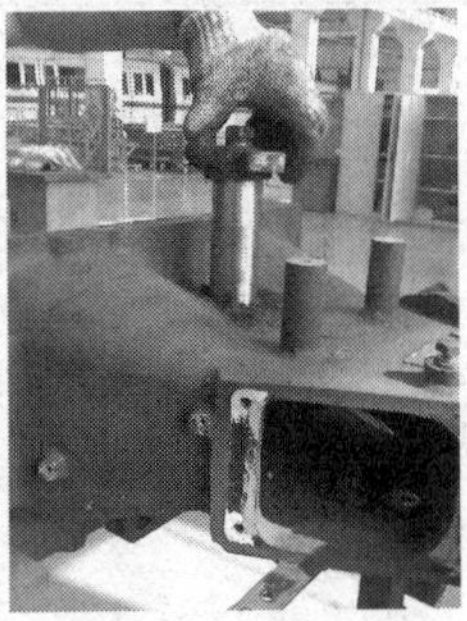

续表

步骤	作业内容	实物操作图片
5	钩舌连杆、钩舌板拆卸：取下钩舌与钩锁连杆的组件，用钳子取下它们之间的开口销，将钩舌与钩锁连杆分解	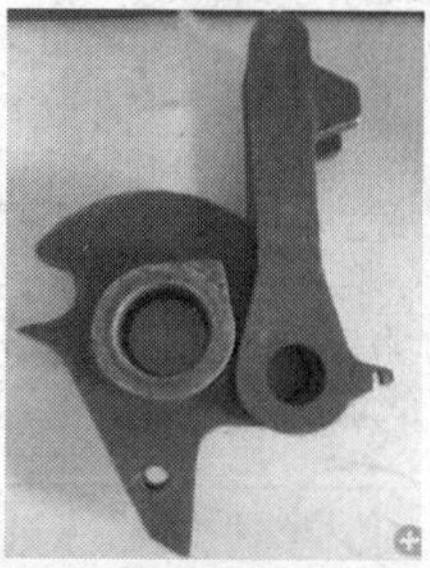  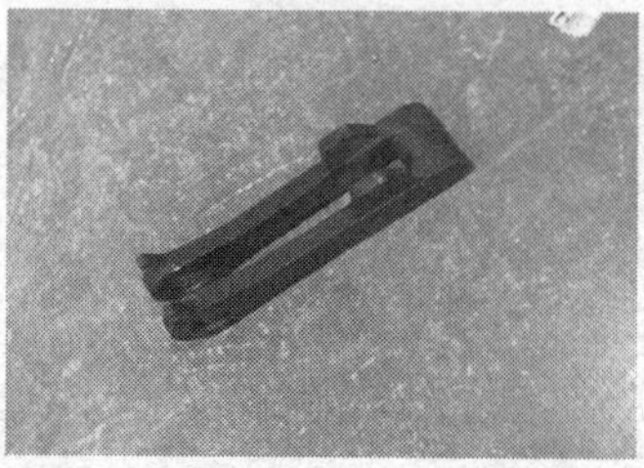 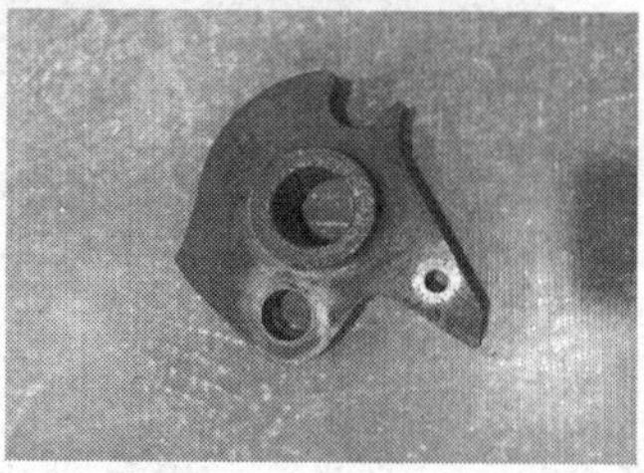 钩舌连杆 钩舌板
6	（1）拆卸后部件摆放整齐； （2）用清洗剂清洗所有零部件； （3）用抹布擦干，中心销上涂润滑油	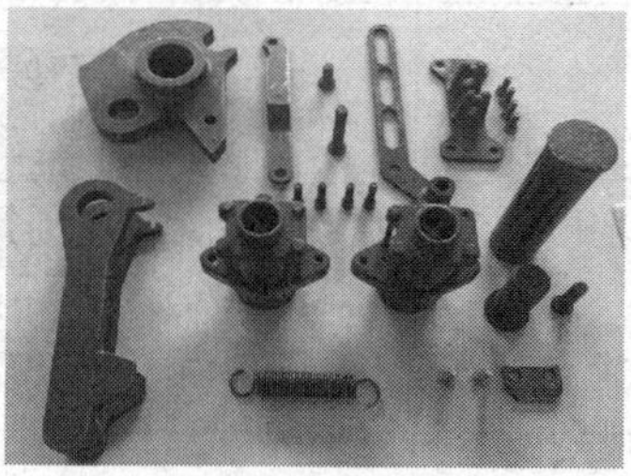
7	检查（检查所有部件，口述）： （1）检查钩舌弹簧是否有断裂，更换断裂弹簧； （2）检测钩锁间隙，如超出允许间隙，需卸下并分解钩锁，检查零件是否损坏和磨损； （3）检查钩锁是否迅速返回，启动手动结构装置若干次； （4）检查各部件（钩舌板、钩舌连杆、钩舌销、钩舌连接板、钩舌连接板销、解钩手柄、解钩手柄座）是否有裂纹、外观是否完好； （5）检查各种螺丝是否滑扣； （6）更换开口销	
8	组装（组装的顺序与拆卸的顺序相反）： （1）将钩板和连接杆连接在一起，插入连接杆销，用螺旋杆固定连接杆销（面朝上时，弹簧钩朝外）； （2）通过内锥体空隙处将它插入钩头箱体内； （3）把中心销从上面插入钩头箱体和钩板的孔内，转动中心销； （4）把张力弹簧安装到连接杆与钩体上	

续表

步骤	作业内容	实物操作图片
9	装上解钩手柄和解钩手柄座	 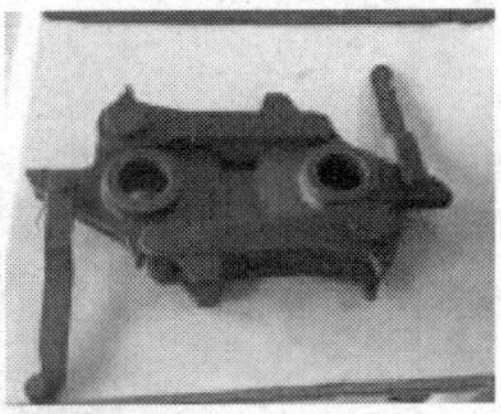 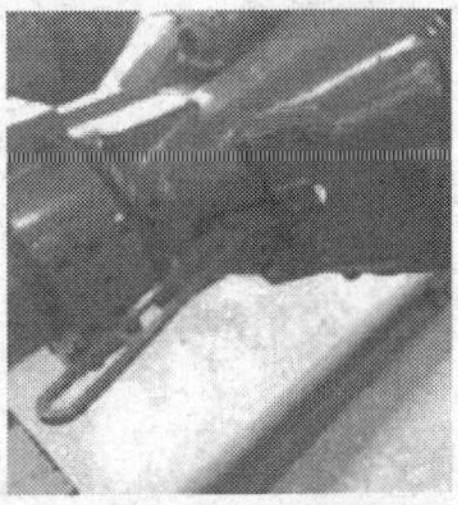
10	车钩的三态试验：开锁位、锁闭位、锁开位，综述其工作原理	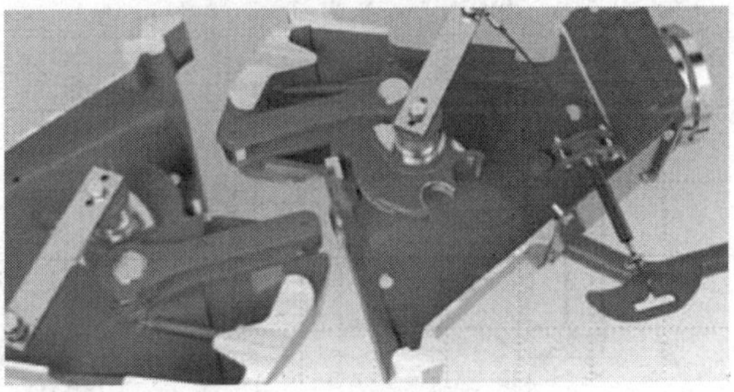
收尾工作	清点各工具和器具，无丢失，将其摆放整齐，清洁作业现场	

5.3 半永久性牵引杆

半永久性牵引杆如图 5-25 所示。

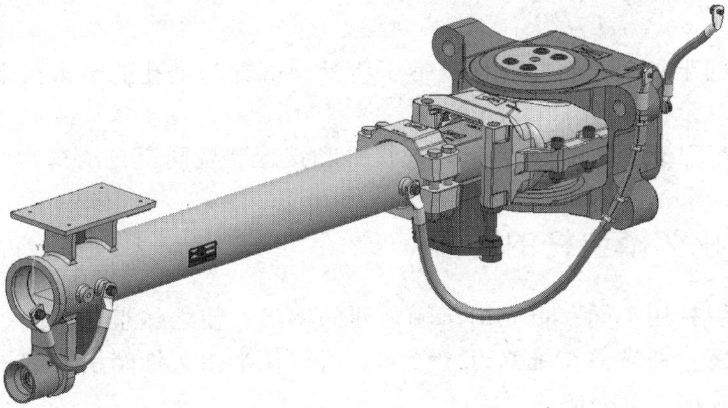

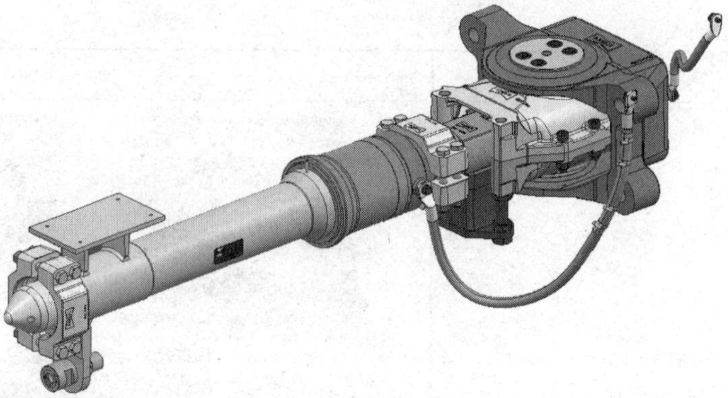

图 5-25　半永久性牵引杆

5.3.1　半永久性牵引杆的结构

半永久性牵引杆由钩头、风管连接、钩身、橡胶垫牵引装置（EFG）、卡环连接件和接地装置等组成，如图 5-26 所示。

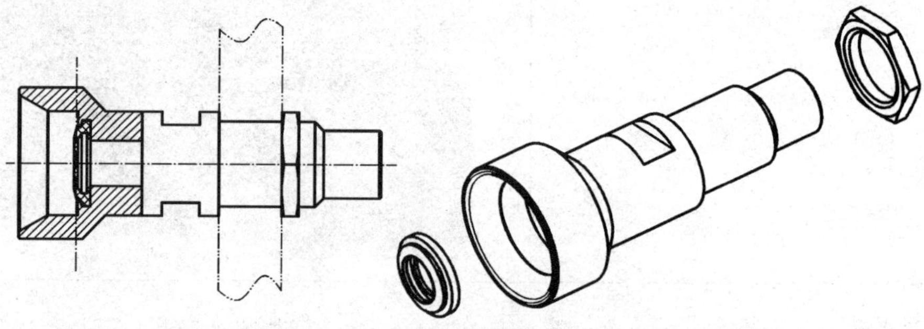

图 5-26　半永久性牵引杆的结构

（1）两牵引杆的端部（钩头）各有一个锥孔和锥柱，在连挂时起定位作用。

（2）带对中功能的风管连接。

① 功能：风管接头用于连接连挂车辆的风管；完全配套的垫片通过对中套筒固定；漏斗状管确保了密封垫的准确配套。

② 工作原理：连挂过程中，两个风管接头相互紧密挤压；对中套筒与连挂车钩的风管接头精确对准；漏斗状管直接对齐对应车钩的风管接头。

（3）钩身。

端部为锥柱的半永久牵引杆，杆身带压溃管。端部为锥孔的半永久牵引杆，杆身不带压溃管。

（4）橡胶垫牵引装置（EFG）、卡环连接件和接地装置同全自动车钩。

5.3.2　半永久牵引杆的连接

半永久性牵引杆用于同一单元内车辆之间的编组，使之编组成单元。单元在运行过程中一般不需要分解，通常只在维修时才分解。所以，半永久性牵引杆的机械、气路和电路的连接及分解都是由人工完成的。

连接方法：通过卡环连接将两个牵引杆刚性相连。电气连接和气路连接通过机械紧固获得永久连接，如图 5-27 所示。

图 5-27　半永久性牵引杆的连接

扫一扫获取
本课题数字资源

参考文献

[1] 杨志强．城市轨道交通车辆总体[M]．北京：中国铁道出版社，2007．

[2] 连苏宁．城市轨道交通车辆构造[M]．北京：机械工业出版社，2011．

[3] 刘柱军，李伟，谢旭方．城市轨道交通车辆构造[M]．北京：人民交通出版社，2013．

[4] 余鹏程，曾颖伟．城市轨道交通车辆构造[M]．广州：广东高等教育出版社，2013．